W9-ANV-852

Jean-Paul Carton

Poésie française

Premiers exercices d'analyse

PETER LANG
New York • Washington, D.C./Baltimore • Boston
Bern • Frankfurt am Main • Berlin • Vienna • Paris

Library of Congress Cataloging-in-Publication Data

Carton, Jean-Paul.
Poésie française: premiers exercices d'analyse / Jean-Paul Carton.
p. cm.
Includes bibliographical references.
1. French language—Versification. 2. French poetry—History and
criticism. 3. French poetry. I. Title.
PC2511.C37   841.009—dc21   98-11573
ISBN 0-8204-4054-X

Die Deutsche Bibliothek-CIP-Einheitsaufnahme

Carton, Jean-Paul:
Poésie française: premiers exercices d'analyse / Jean-Paul Carton.
–New York; Washington, D.C./Baltimore; Boston; Bern;
Frankfurt am Main; Berlin; Vienna; Paris: Lang.
ISBN 0-8204-4054-X

The paper in this book meets the guidelines for permanence and durability
of the Committee on Production Guidelines for Book Longevity
of the Council of Library Resources.

© 1999 Peter Lang Publishing, Inc., New York

Printed in the United States of America.

REMERCIEMENTS

Un grand merci à Dominique Carton pour sa patience et son aide durant la préparation de cet ouvrage ainsi qu'à Françoise Paheau (Colorado College) pour ses conseils. Merci aussi à Clara Krug (Georgia Southern University) d'avoir partagé au fil des années les résultats de son travail sur la lecture et la compréhension des textes écrits en langue étrangère. Ce livre s'inspire en effet en partie de feuilles de lecture préparées dans le cadre de nos cours de première et deuxième années et de la réflexion qui a accompagné cette préparation.

Nous tenons également à remercier les détenteurs des droits protégeant les œuvres suivantes d'avoir bien voulu nous permettre d'en reproduire le texte :

> *L'Empreinte* d'Anna de Noailles ; publié avec l'autorisation des Éditions Bernard Grasset, Paris, France ;
> *Les Gorges froides* de Robert Desnos ; publié avec la permission des Éditions Gallimard, Paris, France ;
> *Jeune fille endormie* de Jean Cocteau ; publié avec la permission, accordée à titre gracieux, de Monsieur Pierre Bergé, Président du Comité Jean Cocteau ;
> *Finir* de Paul Éluard ; publié avec la permission des Éditions Gallimard, Paris, France ;
> *Clown* d'Henri Michaux ; publié avec la permission des Éditions Gallimard, Paris, France ;
> *L'Orgue de Barbarie* de Jacques Prévert ; publié avec la permission des Éditions Gallimard, Paris, France ;
> *Le Plat pays* de Jacques Brel ; publié avec l'autorisation de la Société d'Éditions Musicales Internationales et des Éditions Patricia (SEMI/Patricia), Paris, France et de France Brel (Éditions musicales Pouchenel, Bruxelles, Belgique).

TABLE DES MATIÈRES

PRÉFACE

À L'INTENTION DU PROFESSEUR

Présentation du livre

Cet ouvrage s'adresse essentiellement à ceux qui abordent pour la première fois et avec l'aide d'un professeur l'analyse systématique de textes poétiques en langue française. Il a pour but de faciliter leur apprentissage, de le rendre plus inductif et actif et de les aider à développer leur capacité d'observation. Les unités d'analyse qui le composent ont été conçues dans le cadre de l'enseignement de la poésie française à des étudiants pour qui le français n'est pas la langue maternelle et dont, pour un certain nombre, le niveau de compétence communicative en français limite souvent la participation dans les cours de littérature. C'est en partie dans le but d'accroître cette participation que les questions d'interprétation sont généralement précédées d'exercices demandant aux apprenants de faire l'inventaire et la description (nature, distribution, etc.) des éléments textuels à étudier. Cette phase permet en classe un premier niveau d'échanges langagiers basés sur les actes de parole les plus simples, identifier, nommer, répéter les définitions et les règles (de grammaire, de versification, par exemple), comparer les résultats, tout en facilitant l'acquisition des concepts de base par la pratique. Au niveau de l'apprentissage littéraire, cette démarche qui se répète d'unité en unité vise à mettre en valeur le fonctionnement des rapports qui existent entre forme et fond et le caractère actif de toute lecture. Nous espérons qu'une fois armés de faits concrets obtenus par leurs propres efforts (listes d'images, schémas de rimes, de structures rythmiques, etc.), les apprenants deviendront plus aptes à construire leur compréhension des textes sur leurs propres observations et seront mieux en mesure d'appréhender et d'évaluer les commentaires et interprétations d'autrui (professeurs, critiques, etc.).

Les définitions et règles présentées dans l'introduction ont bien entendu été simplifiées et réduites aux éléments principaux. Il s'agit évidemment d'un point de départ et il ne saurait être question ici d'aborder dans le détail, par exemple, les irrégularités relatives à la scansion des vers ou à la distinction entre vrais et faux enjambements[1]. Le professeur préviendra les apprenants qu'ils rencontreront lors de leurs préparations certaines difficultés et qu'il ne leur sera peut-être pas toujours facile de déterminer, pour ne citer que quelques exemples, la césure d'un alexandrin, son caractère binaire ou ternaire, un enjambement interne, voire un symbole. Il leur dira qu'ils devront noter les problèmes rencontrés et que ceux-ci feront l'objet de discussions de classe chaque fois que cela sera nécessaire. Suivant le niveau des apprenants et les objectifs du cours, il apportera à ce moment-là les compléments d'informations qui s'avéreront utiles ou indispensables. De même,

---

[1] Jean Mazaleyrat signale, par exemple, les incertitudes et parfois les contradictions qui existent au sujet de la définition de l'enjambement : Jean Mazaleyrat, *Éléments de métrique française* (Paris : Armand-Colin, 1974), pp. 125-26.

en ce qui concerne le décompte syllabique, afin de ne pas décourager ceux qui n'auraient pas suivi de cours de phonétique, nous conseillons la démarche proposée par Pierre Delattre dans sa méthode de phonétique corrective et qui consiste à systématiser la syllabation ouverte au risque de ne pas toujours représenter correctement la coupe syllabique[2]. Cette approche a l'avantage de faciliter l'identification et le compte des syllabes constituant un vers ou un groupe rythmique et de permettre de travailler la prononciation. Le professeur pourra opter soit de ne pas la suivre soit de fournir à la demande ou en réponse aux besoins les renseignements nécessaires à ceux qui préféreraient un système plus précis[3].

Conseils d'utilisation

Poésie française : Premiers exercices d'analyse pourra être employé seul ou accompagné d'autres ouvrages (anthologies, histoires littéraires, etc.) au niveau intermédiaire dans les cours d'introduction à l'analyse littéraire ou dans les cours plus avancés consacrés spécifiquement à la poésie. Suivant les besoins et les programmes, il pourra même être utile au niveau de la maîtrise. Bien qu'il ait été initialement conçu lors d'un cours dont le but était de familiariser des étudiants avancés à la fois à l'analyse des textes poétiques et aux principaux mouvements et poètes depuis la Renaissance, il se veut d'une utilisation souple et facilement adaptable, par d'éventuels choix et/ou une modification de l'ordre des poèmes, aux diverses situations d'enseignement. S'il s'agit d'un cours sur la poésie française ou francophone, il faudra bien sûr ajouter d'autres textes et d'autres auteurs, notre but étant essentiellement l'apprentissage de l'analyse.

Emploi des unités

Nous renvoyons le lecteur à l'introduction (pp. 1-20) pour une description de la composition de chaque unité. Ici, nous nous limiterons à quelques conseils généraux.

Il va de soi que les activités que nous proposons ne sont ni limitatives ni toutes à faire. Nous avons cru bon, par exemple, d'omettre dans certaines unités la section sur la découpe syllabique, celle-ci étant accentuée surtout dans la première partie du livre. Il sera facile si le besoin s'en fait sentir d'ajouter les tâches qui manquent

---

[2] Pierre Delattre, *Principes de phonétique française à l'usage des étudiants anglo-américains* (Middlebury, Vermont : Middlebury College, 1951), p. 39. Voir ci-dessous, pp. 6–7 et n. 7.

[3] De même, nous avons choisi de considérer le tercet comme strophe malgré l'avis contraire de nombreux spécialistes pour qui il n'y a pas de strophes de moins de quatre vers. Voir par exemple, Mazaleyrat, p. 88. Henri Morier inclut les groupes de trois vers dans sa rubrique sur la strophe mais souligne l'existence du désaccord (Henri Morier, *Dictionnaire de poétique et de rhétorique* [Paris : Presses Universitaires de France, 1989], p. 1095).

ou de modifier celles qui sont proposées. Ces dernières pourront être jugées suffisantes dans certains cas et dans certains cours mais nous invitons les enseignants à pousser la démarche plus loin chaque fois qu'ils le jugeront utile.

Avant de demander aux apprenants de travailler les exercices en dehors de la classe, on leur fera faire la section *Premières impressions*[4] de façon à apporter quelques éléments de base qui faciliteront l'étude individuelle des poèmes. De même, suivant la préparation et le niveau des apprenants, le professeur pourra faire précéder l'étude de certaines sections des unités d'analyse par une séance destinée à présenter, clarifier ou approfondir les concepts de base indispensables à l'analyse. On aura là l'occasion de voir ou revoir ainsi ensemble les termes nécessaires à l'identification des propositions grammaticales, des sonorités, etc. Bien entendu, et surtout en début de cours, il sera aussi possible de faire certains exercices en classe, individuellement ou en groupe, ou encore avec l'aide du professeur.

Celui-ci prendra soin de communiquer à ses étudiants qu'on ne s'attend pas à ce qu'ils rédigent des phrases complètes. La place qu'on leur accorde pour écrire ne le permettrait pas. Il s'agit ici de travailler la prise de notes en français. Le travail de rédaction viendra ensuite, au moment d'écrire l'explication de texte ou le commentaire composé.

De même, il sera peut-être bon de faire comprendre aux apprenants qu'ils ne devront pas nécessairement remplir tous les trous, toutes les colonnes, toutes les cases proposées. Dans certains cas, cela s'avérerait futile voire impossible. À ce propos, on notera d'ailleurs que c'est quelquefois l'absence d'un élément qui est significative.

Le professeur pourra se montrer exigeant en ce qui concerne les sections d'identification (compte des syllabes, rimes, etc.) et de description (nature, distribution des phénomènes observés, continuité, rupture, etc.) mais devra faire preuve d'indulgence si tous les apprenants n'ont pas rempli les sections relatives à l'effet des éléments analysés, à leur rapport avec le sens. Dans nos propres classes, nous avons remarqué que le seul fait d'avoir bien travaillé sur l'identification et la description des divers éléments textuels facilitait la discussion sur l'interprétation. Les sections consacrées à celle-ci serviront alors à la prise de notes de classe pour ceux qui n'auront pas été inspirés au moment de la préparation.

Nous pensons également qu'il est préférable d'aborder les listes de mots et d'images de la section *Contenu sémantique et thématique* (section II.A de chaque unité) avec une certaine souplesse. Le but de cette section est à la fois d'approfondir l'étude de la langue et d'établir les principaux réseaux de signification pour l'ensemble du poème étudié mais tout aussi importants seront la discussion générée par la tâche et le processus de découverte. Les réponses ne seront peut-être pas toujours aussi définitives que les apprenants le souhaiteraient. Parfois, un mot sera classé dans plusieurs catégories. Ailleurs, la distinction entre les différents types d'images se révélera peut-être difficile à faire. Les désaccords qui surviendront

---

[4] Voir, par exemple, p. 31.

ainsi engendreront la discussion et seront mis à profit pour noter la difficulté, les différences d'interprétation, l'incertitude (peut-être voulue par le poète) mais aussi, le cas échéant, l'importance du contexte, les différences entre le sens premier d'un mot et ses connotations, etc. Il ne s'agit pas nécessairement, surtout à ce stade, d'avoir *la bonne réponse* mais de découvrir les poèmes et un certain nombre d'aspects de base de la poésie française à travers des activités et des échanges en langue française[5].

Naturellement, cette découverte sera guidée, aidée par l'enseignant qui attirera l'attention sur les points qu'il jugera importants dans le cadre de son cours. Il pourra, par exemple, conclure l'analyse des rimes dans les poèmes de Cocteau ou de Prévert par des remarques générales sur l'affranchissement des règles traditionnelles en poésie moderne. Notons ici que c'est dans cette optique de découverte que nous avons sélectionné un poème surréaliste de Robert Desnos, *Les Gorges froides*, auquel nous avons voulu appliquer le même type d'analyse qu'aux autres poèmes. On se servira des exercices proposés pour essayer de dégager de ce texte des réseaux de signification, des tendances qui peuvent lui donner une certaine unité et renseigner sur le mouvement surréaliste. L'exercice s'est avéré productif dans nos classes.

Commentaire composé/devoir écrit

Chaque unité est prévue de façon à préparer les apprenants au commentaire composé. Dans la section III (INTERPRÉTATION/SYNTHÈSE), nous leur demandons en effet d'établir la liste des observations qu'ils auront faites pour chacune des sections proposées dans l'unité. Cette liste peut en fait servir de base au plan du commentaire composé qui suivra. Il suffira d'en réarranger les éléments suivant les besoins. On pourra aussi se limiter à un devoir écrit basé seulement sur une partie de l'unité. Pour un poème tel que *Demain dès l'aube* de Victor Hugo, il est en effet très possible d'envisager de ne travailler que l'emploi des rythmes. Nous préférons cependant laisser aux professeurs le soin de formuler les sujets qui conviendront le mieux aux besoins de leurs cours et de leurs étudiants.

---

[5] Notons ici l'importance du tableau noir et du rétroprojecteur pour la discussion. Nous avons trouvé très utile dans nos classes de demander aux étudiants de reproduire leurs listes de vocabulaire au tableau noir de façon à avoir la liste collective de la classe sous les yeux avant d'entreprendre la discussion et d'éventuelles corrections. De même, lorsque cela est possible, le poème est projeté au rétroprojecteur sur un tableau blanc de façon à pouvoir y indiquer à l'aide de feutres de couleur les phénomènes qui font l'objet de l'analyse.

Introduction
Démarche et concepts de base

Interpréter un poème est bien sûr une affaire personnelle. Il y a d'une part l'intention du poète, son besoin d'écrire, ce qu'il a voulu dire ou faire. Il y a évidemment le poème. Mais il y a aussi vous, le lecteur, en qui la lecture, ou l'écoute, du poème provoque un certain nombre de réactions, sentiments, sensations, pensées, qui ne sont pas nécessairement les mêmes pour tous et peuvent dans un premier temps rester très superficiels. Il s'ensuit que diverses interprétations pourront être possibles pour un même poème. Toutefois, cela ne veut pas dire que n'importe quelle interprétation sera valable. Votre « lecture » sera active et créative (personnelle) mais devra être basée sur les caractéristiques du texte qui, par les éléments qui le composent et la manière dont ceux-ci sont structurés, impose certaines limites. C'est pour vous aider à identifier ces éléments et leurs effets que *Poésie française : Premiers exercices d'analyse* a été conçu. Nous vous proposons d'examiner chaque poème selon les étapes suivantes :

(1) lecture(s) initiale(s) et réflexion sur vos premières impressions ;
(2) approfondissement de la langue du poème (recherches grammaticales, lexicales, etc.) ;
(3) analyse descriptive des éléments constitutifs du poème (lexique, images, structures grammaticales, versification, structure thématique, etc.) ;
(4) interprétation (analyse de la fonction des éléments découverts lors de l'étape [3] ci-dessus par rapport au sens ou à l'intérêt général du poème).

Premières impressions

Tout d'abord, lisez le poème plusieurs fois, de préférence à haute voix, tout en essayant de l'apprécier d'une manière globale. Laissez-vous porter par le texte et essayez de deviner les mots que vous ne comprenez pas. N'oubliez pas qu'il ne s'agit pas seulement d'un exercice intellectuel mais que le poème a aussi une dimension affective et sensuelle. Notez ensuite vos premières réactions dans la section intitulée *Premières impressions*[1]. Ce n'est qu'un point de départ, mais il sera intéressant de consulter vos remarques plus tard, lorsque vous arriverez à la section récapitulative (section III des unités de lecture : *INTERPRÉTATION/SYNTHÈSE*)[2], pour vous assurer par exemple que durant votre étude vous n'avez pas oublié de considérer certains aspects du poème qui vous paraissaient importants

---

[1] Voir par exemple ci-dessous, p. 31, pour *Comme on voit sur la branche...* de Ronsard.

[2] *Ibid*, p. 42.

à la première lecture. À ce moment-là, vous constaterez peut-être aussi que votre interprétation personnelle a changé, à la suite de votre analyse. Vous serez en mesure d'évaluer ce que votre travail vous a apporté.

Étude de la langue

Dans un deuxième temps, avant de passer à l'étude de détail du poème, assurez-vous que vous comprenez bien les différents aspects linguistiques du texte, cherchez les mots difficiles dans un dictionnaire, élucidez les structures grammaticales qui vous posent des difficultés. Les unités d'analyse que nous proposons contiennent des questions concernant la compréhension de la langue (section I : *ÉTUDE DE LA LANGUE, COMPRÉHENSION*)[3] qu'il conviendra de traiter à ce stade mais celles-ci ne seront probablement pas suffisantes. Vous devrez donc, le cas échéant, clarifier par vous-même certains éléments qui n'y figurent pas ou demander à votre professeur d'expliquer les points obscurs.

Pour les recherches lexicales, nous vous conseillons d'utiliser un bon dictionnaire français/français et d'essayer de trouver le sens des mots recherchés à partir des définitions, des exemples, des synonymes, des antonymes et de leur étymologie. Votre professeur pourra aussi vous aider dans cette tâche. Toutefois, l'utilisation d'un dictionnaire français/anglais n'est pas exclue, surtout pour des mots tels que certains noms de plantes, d'animaux, d'outils, etc., comme nous le suggérons parfois dans la section I.

Analyse et interprétation

Lorsque vous aurez terminé ce travail préliminaire, vous pourrez passer à la section centrale de l'unité d'analyse, celle qui est consacrée à l'étude du poème proprement dite (section II : *ÉTUDE DÉTAILLÉE DU POÈME*)[4]. Les principales rubriques de cette section couvrent les aspects de base qui caractérisent le langage poétique du texte à analyser. Attention, cependant ! **Analyse** ne signifie pas **interprétation**. Il s'agira ici, dans un premier temps, d'établir **une description des éléments constitutifs du poème et de leur agencement**. Par exemple, on vous demandera d'identifier et de décrire les catégories lexicales dominantes, les images, les aspects principaux de la versification, les sonorités, certaines structures grammaticales, l'agencement des strophes, les mouvements, ainsi que les rapports (de similitude, de complémentarité ou d'opposition) entre ces divers éléments. Ensuite, vous devrez interpréter, c'est-à-dire analyser l'**effet** (la fonction) des phénomènes observés par rapport au sens du poème.

---

[3] *Ibid*, p. 32.

[4] *Ibid*, p. 33.

Contenu sémantique et thématique

Dans la section intitulée « Contenu sémantique et thématique » (section II.A de chaque unité), vous trouverez des tâches qui vous aideront à aborder l'essentiel du **fond** (par opposition à la **forme**) du poème, de son sens, et vous permettront d'approfondir l'étude lexicale qui aura été commencée dans la section I.

Prenons comme point de départ le texte suivant de Charles Baudelaire :

La Cloche fêlée

Il est amer et doux, pendant les nuits d'hiver,
D'écouter, près du feu qui palpite et qui fume,
Les souvenirs lointains lentement s'élever
Au bruit des carillons qui chantent dans la brume.

5   Bienheureuse la cloche au gosier vigoureux
Qui, malgré sa vieillesse, alerte et bien portante,
Jette fidèlement son cri religieux,
Ainsi qu'un vieux soldat qui veille sous la tente !

Moi, mon âme est fêlée, et lorsqu'en ses ennuis
10 Elle veut de ses chants peupler l'air froid des nuits,
Il arrive souvent que sa voix affaiblie

Semble le râle épais d'un blessé qu'on oublie
Au bord d'un lac de sang, sous un grand tas de morts,
Et qui meurt, sans bouger, dans d'immenses efforts.

Sens des mots

Dans vos recherches lexicales, il sera important de noter les **différents sens** que peuvent avoir les mots. Dans ce poème, qui est l'expression de l'un des aspects du spleen Baudelairien, ce mal angoissé qui pour beaucoup est un prolongement du *mal du siècle* romantique, le mot « fêlé », par exemple, lorsqu'il s'applique à la cloche, est bien sûr employé dans son sens premier qui indique une cassure dans un objet dur (métal, céramique, etc.). Cependant, en langue familière l'adjectif « fêlé » a aussi un autre sens, celui de la folie, dans des expressions comme « avoir la tête fêlée » ou « il est complètement fêlé ». Quelle que soit l'importance que l'on voudra bien accorder aux notions de folie et d'aliénation dans le poème de Baudelaire, il sera bon de considérer ce que peut apporter ce sens. Il sera aussi intéressant de connaître l'**étymologie** des mots. Savoir que le verbe « fêler » vient du latin *flagellare*, qui signifie « frapper » et évoque donc l'idée qu'une certaine violence est à l'origine de la cassure, nous aide à mieux comprendre ou ressentir la nature de l'état de l'âme du poète.

En plus de leurs sens de base, les mots évoquent des idées, des caractéristiques qui sont associées à l'objet (l'idée) désigné(e) et qui peuvent varier avec le contexte dans lequel ils sont employés. Ces autres sens sont des **connotations**. Le concept de « fêlure », par exemple, contient la notion de permanence, du caractère irréparable du dommage fait à l'objet fêlé, notion qui renforce le désespoir exprimé par Baudelaire.

Images

On observera dans *La Cloche fêlée* deux **comparaisons.** La première, au vers 8 (« Ainsi qu'un vieux soldat qui veille sous la tente ! »), met en rapport la cloche et le soldat, renforçant ainsi l'idée de fidélité mentionnée au vers 7 (« fidèlement »), qu'elle soit religieuse ou militaire, et peut-être celle de certitude qui l'accompagne. La seconde, qui commence au vers 12 (« Semble le râle épais d'un blessé qu'on oublie »), attribue à la voix du poète les caractéristiques du râle d'un blessé agonisant dans un décor de massacre, évoquant ainsi sa souffrance et l'échec de ses tentatives. Une comparaison est une figure de rhétorique qui établit une relation entre deux termes, **le comparé** (ex. : la cloche) et **le comparant** (ex. : le soldat), d'une manière explicite par l'emploi d'un **terme de liaison**. La structure la plus courante est sans doute celle qui est basée sur le mot « comme ». À titre d'exemple, voici les premiers vers d'un poème très célèbre de Paul Verlaine que vous connaissez peut-être déjà :

> Il pleure dans mon cœur
> **Comme** il pleut sur la ville.

Dans le poème de Baudelaire, la première comparaison est introduite par « ainsi que » (v. 8) et la deuxième par le verbe « sembler » (v. 12). Parmi les autres termes de comparaison, on trouvera des locutions comme « tel que » et « de même que » et des verbes comme « ressembler » et « paraître ».

Mais les images employées par Baudelaire dans *La Cloche fêlée* ne se limitent pas aux comparaisons. On observera aussi plusieurs **métaphores**. La métaphore diffère de la comparaison par l'absence des mots qui expriment le rapport entre le comparé et le comparant (*comme*, etc.). Ce rapport y est établi d'une manière non pas explicite mais implicite, comme c'est le cas dans l'expression « les racines du mal », et il y a transfert d'un domaine sémantique à un autre. Le comparant « racines » qui appartient normalement au domaine végétal est employé ici dans un contexte moral à la place du mot « cause », le comparé, qu'on pourrait s'attendre à trouver associé au mot « mal ». Non seulement le mot « racines » acquiert un nouveau sens par cette substitution (causes, origines profondes) mais son union au mot « mal » enrichit ce dernier de qualités (*plante, partie cachée de la plante, système d'alimentation*, etc.) qui en font une entité douée de vie. De même, dans le poème de Baudelaire, le mot « fêlé » dans l'expression « mon âme est fêlée » (v. 9) est employé dans un sens métaphorique. Son sens littéral est mis en valeur dans le titre du poème par son association au mot « cloche » (*La Cloche fêlée*). Mais lorsqu'il est associé au mot « âme » au premier vers du premier tercet, il exprime non plus l'idée d'une cassure dans un matériau dur mais, par analogie, le malaise profond du moi.

Dans ce poème de Baudelaire, la métaphore est liée à l'**anthropomorphisme littéraire** ou **personnification**. La cloche évoquée dans la deuxième strophe n'est pas seulement en bon état comme le peut être un objet, elle est aussi, entre autres, « bienheureuse » (v. 5) et « alerte et bien portante » (v. 6), ce qui prépare l'analogie avec l'âme du poète qui n'est établie qu'au vers 9.

Il y a un rapport très étroit entre la métaphore et le **symbole**. Par exemple, comme le fait la métaphore du vers 9 de *La Cloche fêlée,* le symbole fait géné-ralement appel à l'analogie et exprime d'une manière **concrète** (« fêlé » dans son sens propre renvoie à une réalité concrète) une notion **abstraite**. L'une des différences fondamentales réside dans le fait que la métaphore est basée sur le mot (un nom, un verbe, un adjectif, etc.) alors que le symbole, lui, est généralement un objet animé ou inanimé, un fait naturel, etc., qui évoque une (ou plusieurs) de ses caractéristiques dominantes. C'est ainsi que l'abeille représente le travail et l'esprit social. Par association avec ses fonctions concrètes, la cloche peut représenter la religion (c'est la cloche qui appelle les fidèles à l'église), la prière, mais aussi l'alarme, trois notions qu'il faudra considérer dans toute interprétation du poème de Baudelaire. Dans ce dernier, la « fêlure » (et non le mot « fêlé » qui constitue une métaphore) est un symbole puisqu'elle représente le malaise du moi. De nombreux symboles, comme l'abeille et la cloche, sont conventionnels, définis par la tradi-tion[5]. Cependant, rien n'empêche les poètes de les renouveler et d'en créer de nouveaux comme le fait Baudelaire.

Champs lexicaux

Dans certains des exercices proposés, nous vous demanderons d'établir des listes de mots correspondant à diverses **catégories lexicales**. Le but en est double. Cela vous permettra de vérifier que vous avez bien fait les recherches de voca-bulaire nécessaires et d'approfondir celles-ci mais aussi d'analyser la composition lexicale du poème, d'en dégager les thèmes et un certain nombre de structures associées au lexique. Dans *La Cloche fêlée*, on remarquera un ensemble de termes qui dénotent le bien-être, la joie et la santé : « doux », « carillons », « chantent », « Bienheureuse », « vigoureux », « alerte », « bien portante ». À ce champ sémantique s'oppose celui du malheur et de la souffrance, voire de la mort : « ennuis », « air froid », « affaiblie », « râle épais », « blessé qu'on oublie », « lac de sang », « un grand tas de morts », « meurt », « immenses efforts », ainsi que « fêlée », mot sur lequel le poète base la métaphore centrale du poème. L'opposition entre ces deux

---

[5] Voir par exemple la liste d'Henri Morier, *Dictionnaire de poétique et de rhétorique*, pp. 1137–43 (voir ci-dessus, p. x, n. 3, pour la référence complète de cet ouvrage).

champs lexicaux correspond non seulement aux deux pôles de cette métaphore mais nous renseigne aussi sur la composition, la **structure** générale du poème. La première liste est en effet limitée aux deux premières strophes alors que la seconde correspond aux deux dernières (voir plus loin la section intitulée « Structure » [p. 19]).

Forme et sens

Après vous être concentré sur les éléments lexicaux et thématiques et les images, vous aborderez dans les sections suivantes (II.B, C, etc.)[6] de chaque unité l'étude des autres aspects de la forme du poème. C'est ici que nous vous demanderons d'analyser entre autres la structure rythmique des **vers**, leur regroupement ou absence de regroupement en **strophes** et en poème, ainsi que les **rimes** et les **sonorités**. Pour pouvoir faire les exercices de cette section, vous devrez vous familiariser avec un certain nombre de concepts et de règles relatifs à la **versification,** aux formes poétiques et à la phonétique françaises. En réalité, **fond** et **forme** sont indissociables. Il n'est pas possible de séparer le sens d'une image ou l'effet qu'elle produit de l'image elle-même. Dans l'analyse des diverses formes, vous vous demanderez donc toujours quel est l'effet/le rapport avec le sens des phénomènes que vous observerez.

Structure rythmique du vers

Parmi les facteurs les plus importants de la structure rythmique du vers, notons ici la **longueur** et la **syntaxe**.

Rythme et longueur des vers. En français, on détermine la longueur des vers non pas par le nombre de pieds (groupement de syllabes), comme en anglais, mais par **le nombre de syllabes**. Baudelaire, pour *La Cloche fêlée,* a adopté le vers de douze syllabes, l'**alexandrin**. Parmi les autres vers les plus courants en poésie française, vous trouverez l'**octosyllabe** (8 syllabes) et le **décasyllabe** (10 syllabes), qui, comme l'alexandrin sont des **vers pairs**. Mais il existe aussi des vers de deux, quatre et six syllabes et même des **vers impairs** de trois, cinq, sept, neuf et onze syllabes. Lorsqu'un poème est constitué d'une suite de vers de longueur inégale, on parle de **vers libres**.

Pour pouvoir déterminer la longueur d'un vers, et plus tard analyser son rythme avec précision, il vous faudra donc identifier les syllabes. Ceci peut paraître simple au premier abord mais pose parfois certains problèmes aux étudiants anglophones. Si vous avez des difficultés à compter les syllabes, nous vous conseillons dans un premier temps de faire la séparation syllabique **après chaque voyelle**, comme suit :

---

[6] Voir, par exemple, pp. 34 et suivantes pour le poème de Ronsard.

> I/l es/t a/me/r et /doux, /pen/dant/les /nuits /d'hi/ver,
> D'é/cou/ter, /près/du /feu /qui /pa/lpi/te et /qui /fume,
> Les /sou/ve/ni/rs loin/tains /len /te/ment /s'é/le/ver
> Au /bruit /des /ca/ri /llons /qui /chan/tent /dans /la / brume.

Contrairement à l'anglais, le français a une forte tendance à la **syllabation ouverte**. Une syllabe est **ouverte** si elle se termine par une voyelle. Si elle se termine par une consonne, on dit qu'elle est **fermée**. Ici, nous avons donc indiqué la **coupe syllabique** en tirant un trait oblique (/) après toutes les **voyelles prononcées**[7]. Notez bien qu'il s'agit ici de **sons** (phonèmes) et non de graphie (lettres). Par exemple, les « n » et le « t » de « pen/da**nt** » ne représentent pas des consonnes prononcées. Ils font partie de la transcription de la voyelle [ɑ̃] (« en » et « ant »).

Ceci dit et fait, en examinant attentivement le décompte des syllabes dans la première strophe du poème de Baudelaire, vous remarquerez sans doute d'autres problèmes. La langue de la poésie formelle présente certaines caractéristiques qui la distinguent de la langue quotidienne. La plus évidente concerne le « e » **caduc** dont la transcription phonétique est [ə]. Au vers 3, « Les /sou/ve/ni/ rs loin/tains /len/**te**/ment /s'é/**le**/ver », nous avons en effet compté trois syllabes pour chacun des mots suivants : « sou/ve/nirs » ([su və ni ʀ]), « len/te/ment » ([lɑ̃ tə mɑ̃]) et « s'é/le/ver » (se lə ve). Dans la conversation courante, ces mots n'auraient que deux syllabes : [su vni ʀ], [lɑ̃ tmɑ̃] et [se lve]. Le son [ə] est dit « caduc » parce qu'il est instable, qu'il peut tomber.

Voici les règles de base à suivre en ce qui concerne le « e » caduc :

(1) on le prononce *à l'intérieur d'un vers chaque fois qu'il précède une consonne* (sou/ve/ni/rs) ;

(2) on ne le prononce pas :

■ *lorsqu'il est suivi d'une voyelle ou d'un* [h] *muet* (« qui /pa/lpi/**te** et / qui... » [v. 2]) ;

■ *en fin de vers* (« fume » et « brume » [vv. 2, 4] ne comptent que pour une syllabe : [f y m] et [bry m]) ;

---

[7] Ce système simplifié ne donne pas une transcription exacte de la syllabation française et pourra gêner ceux qui sont initiés à la phonétique car dans certains cas il correspond en effet à une exagération. Il serait effectivement plus exact de représenter « palpiter » par « pal/pi/ter » que par « pa/lpi/ter ». Cependant, si vous n'avez pas suivi de cours de phonétique, la représentation syllabique que nous adoptons ici a l'avantage de systématiser le phénomène de la tendance à la syllabation ouverte qui caractérise le français et vous facilitera l'identification des syllabes. De plus, dans votre travail sur la prononciation, il vous aidera à éviter l'anticipation des consonnes qui caractérise l'anglais. Si vous avez déjà étudié les **coupes syllabiques**, vous pourrez bien entendu être plus précis dans votre description des syllabes.

Vous vous rappelerez, bien sûr, que la terminaison en « -ent » de la troisième personne du présent au vers 4, dans « qui /chan/**tent** /dans /la /brume », est aussi un [ə] : [ki ʃã tə dã la bʀy m].

Il est important en poésie formelle de bien faire entre les mots tous les **enchaînements** et toutes les **liaisons**, que ce soient les **liaisons obligatoires** que l'on trouverait dans la conversation ou les **liaisons facultatives** qui sont souvent absentes dans le style oral décontracté[8]. Prenons comme exemple les premiers mots de *La Cloche fêlée* : « I/l__es/**t**_a/me/**r**_et /doux ». Cet ensemble contient deux enchaînements basés sur les consonnes [l] (« Il__est ») et [ʀ] (« ame**r**_et ») et une liaison basée sur le [t] (« est_amer ») qui est dite facultative parce qu'elle est souvent omise dans le langage quotidien. Cependant, attention aux exceptions, comme la conjonction « et » dont le [t] n'est jamais prononcé !

Si après avoir pris toutes les précautions nécessaires, vous n'avez toujours pas le nombre correct de syllabes, pensez à la **diérèse**. En effet, pour obtenir douze syllabes dans le vers 7 de *La Cloche fêlée*, le mot « religieux » doit être divisé en quatre syllabes (re/li/gi/eux). La diérèse consiste à prononcer deux voyelles successives en deux syllabes, comme c'est ici le cas de « –gieux » qui est normalement prononcé en une syllabe dans la conversation courante. Elle est possible dans des mots comme « compas**si**on » (com/pa/ssi/on), « duel » (du/el), « n**u**age » (nu/age) et « p**i**ed » (pi/ed).

Rythme et syntaxe. L'un des facteurs les plus importants du rythme est l'**accent tonique**. En français, à la différence de l'anglais, celui-ci dépend fortement de la structure de la phrase. Il porte généralement sur la dernière syllabe d'un mot ou d'un groupe de mots et son élément dominant est non pas l'intensité comme en anglais mais la **durée**. Examinons à nouveau « Il est amer et doux ». Si l'on emploie le mot « amer » seul, l'accent porte sur la deuxième et dernière syllabe, « —mer », qui dure plus longtemps que la première. Si l'on prononce l'expression « Il est amer » entièrement, l'accent reste sur la même syllabe, la dernière syllabe du groupe de mots auquel « amer » appartient : « Il est **amer** ». Mais si l'on ajoute « et doux », l'accent final d'**amer** a tendance à disparaître, ou tout du moins à s'affaiblir, au profit de la dernière syllabe du groupe syntaxique auquel ce mot appartient, c'est-à-dire « doux » :

> Il est **amer**
> Il est amer et **doux**

On peut observer le même phénomène dans l'exemple suivant :

---

[8] Il y a « enchaînement » entre deux mots quand la consonne finale du premier mot est prononcée lorsque ce mot est pris isolément : *une* ⇒ *une_étudiante*. Le terme « liaison » s'emploie pour les cas où cette consonne n'est pas prononcée : *un* ⇒ *un_étudiant*.

> **l'air**
> l'air **froid**
> l'air froid des **nuits**

Examinons maintenant le premier alexandrin de *La Cloche fêlée* dans sa totalité. On y remarquera la présence d'une forte coupe après le premier groupe de mots, après la sixième syllabe : « Il est amer et doux,// pendant les nuits d'hiver ». Cette coupe, qui est ici accentuée par la ponctuation (la virgule), s'appelle **la césure**. Elle divise le vers en deux parties que l'on appelle **hémistiches**. Il est à noter que même lorsqu'elle n'est pas marquée par la ponctuation, la césure peut être très nette, comme c'est le cas dans les vers 3 et 4 du même poème, dans lesquels la sixième syllabe correspond aussi clairement à la fin d'un groupe de mots :

> Les souvenirs lointains // lentement s'élever
> Au bruit des carillons // qui chantent dans la brume.

Si l'alexandrin régulier est généralement divisé en deux hémistiches égaux, de nombreux poètes, surtout à partir du dix-neuvième siècle, ont voulu rompre avec les traditions. Les poètes romantiques ont consacré le trimètre, que l'on appelle aussi **trimètre romantique**, qui n'a pas de césure après la sixième syllabe et, comme son nom l'indique, est divisé en trois parties. Les coupes de cet alexandrin tombent souvent, mais pas toujours, après la quatrième et la huitième syllabe :

> Caïn, ne dormant pas, // songeait au pied des monts.
> Ayant levé la tête, // au fond des cieux funèbres,
> Il vit un œil, / tout grand ouvert / dans les ténèbres,
>   4   4   4

Dans cet extrait de *La Légende des siècles* de Victor Hugo, les deux premiers vers sont des alexandrins réguliers et le troisième est un trimètre.

Dans le décasyllabe, la césure est généralement après la quatrième syllabe, comme dans ces premiers vers d'un poème de Ronsard :

> Prends cette rose // aimable comme toi,
> Qui sers de rose // aux roses les plus belles,[9]

---

[9] *Amours de Cassandre*, XCVI. Attention : nous indiquons ici la séparation entre les éléments syntaxiques et non les syllabes. À cause de l'enchaînement, la césure pourrait être représentée ici comme suit :

> Prends /ce/tte /ro//se͜ ai/ma/ble /co/mme / toi,
> Qui /se/rs de/ ro//se͜ aux /ro/ses / les /plus /belles,

Cependant, elle se fait aussi parfois après la sixième syllabe.

La césure est une coupe fixe. À l'intérieur de chaque hémistiche, il est possible d'avoir d'autres **coupes** qui sont mobiles et généralement moins fortes. Si elles ne correspondent pas nécessairement à une pause, on peut souvent y ressentir une légère accentuation de la syllabe qui précède. Le vers 4 du poème de Baudelaire, par exemple, peut se diviser ainsi :

> Au bruit / des carillons // qui chan/tent dans la brume
> 2   4   2   4

Rythme et sens. Lorsque vous aurez déterminé la longueur des vers employés dans un poème et leur rythme, vous en évaluerez l'**effet** et l'**interpréterez**. Il est possible d'attribuer certaines caractéristiques rythmiques générales aux différents types de vers. Les vers longs ont tendance à engendrer un rythme plus **lent**, plus **majestueux** que les verts courts, et les vers pairs un rythme plus **équilibré** que les vers impairs. Le rythme de l'alexandrin régulier, lui, se prête à merveille aux sujets qui nécessitent un ton solennel. Cependant, ce ne sont là que des tendances et vous prendrez bien soin de considérer chaque vers suivant ses caractéristiques individuelles et son contexte. Prenons le cas du vers 9 de *La Cloche fêlée* :

> Moi, /mon âme est fêlée, // et lorsqu'en ses ennuis
> 1   5 (2+3)   6

Bien que globalement ce vers soit divisé en deux parties égales (6+6), la symétrie n'est pas parfaite si l'on compare le rythme interne des deux hémistiches (1+5//6). La forte coupe qui existe après « Moi » allonge ce mot, le met en valeur et l'isole. Bien entendu, cet effet ne prend toute sa valeur que par rapport à l'ensemble du poème. Il accentue la transition entre les deux premières strophes et les deux dernières, entre le chant des carillons et la cloche joyeuse et la métaphore de l'âme fêlée.

Lorsque vous évaluerez l'effet rythmique d'un vers, vous observerez aussi la suite des vers à laquelle il appartient. Vous devrez considérer non seulement le **caractère équilibré** ou **déséquilibré** du rythme mais aussi sa **régularité** ou son **irrégularité**, l'**accélération** ou le **ralentissement** qu'il peut produire. Vous essaierez de voir s'il correspond à une **progression**, à un schéma d'**alternance**, de **répétition** ou s'il y a **rupture** par rapport à ce qui précède. Reprenons les vers de *La Légende des siècles* cités plus haut :

> Caïn, /ne dormant pas, // songeait /au pied des monts.
> 2   4   2   4
> Ayant levé la tête, // au fond /des cieux funèbres,
> 6   2   4
> Il vit un œil, / tout grand ouvert / dans les ténèbres,
> 4   4   4

Ici, en introduisant un trimètre au troisième vers, Victor Hugo rompt un schéma régulier basé sur la répétition du rythme 6//6 (avec une forte tendance 2+4) et crée un ralentissement du débit de l'alexandrin par deux coupes fortes au lieu d'une. Ce ralentissement, qui est accentué par l'équilibre du vers (4/4/4), met en valeur le moment où Caïn voit l'œil, forçant le lecteur à prendre le temps de se concentrer sur cette vision comme Caïn le fait.

Rapports *syntaxe/mètre*. Parce que les groupes rythmiques tels que nous les avons décrits dépendent de la syntaxe, ils ne sont pas limités aux textes en vers. Ils sont aussi caractéristiques de la prose et tout **poème en prose** comme *Clown* d'Henri Michaux (voir p. 247) pourra être soumis à ce type d'analyse. Par contre, lors de l'analyse d'un poème en vers, vous prendrez soin d'examiner la relation entre ces **groupes syntaxiques** et le **mètre**, c'est-à-dire le vers et ses divisions internes comme l'hémistiche. En effet, le poète peut faire en sorte que la syntaxe et la structure du vers s'accordent ou s'opposent afin de créer certains effets. On peut parler de **correspondance** ou d'**opposition**, de **concordance** ou de **discordance**, d'**harmonie** ou de **dissonance**, d'**accord** ou de **désaccord** entre ces deux éléments du rythme.

Examinons les premiers vers d'un autre poème de Victor Hugo, *Le Mendiant* :

> Un pauvre homme passait dans le givre et le vent.
> Je cognai sur ma vitre ; *il s'arrêta **devant***
> ***Ma porte**,* que j'ouvris d'une façon civile.

L'unité syntaxique constituée par la proposition principale « il s'arrêta devant / Ma porte » dépasse les limites de l'unité métrique dans laquelle elle commence (le deuxième hémistiche du deuxième vers) et se prolonge dans le premier hémistiche du vers suivant sans le remplir en entier. Ce type de discordance entre le **mètre** et la **syntaxe** s'appelle un **enjambement**. Par contraste avec le rythme régulier créé par la concordance entre la syntaxe et le mètre dans chacun des trois premiers hémistiches, l'enjambement de la fin du deuxième vers non seulement **met en valeur** les mots « Ma porte » mais produit après la troisième syllabe du troisième vers une forte pause qui coïncide avec l'arrêt du mendiant et le **renforce** par effet d'**imitation**. L'élément qui est placé au début de l'hémistiche suivant, ici « Ma porte », s'appelle un **rejet**.

Lorsqu'il y a discordance entre l'unité syntaxique et le mètre à la césure, on parle d'**enjambement interne** par opposition à la notion d'**enjambement externe** qui renvoie à la discordance de fin de vers que nous venons de décrire :

> Semble *le râle épais* // *d'un blessé...*

Ici, la discordance entre syntaxe et mètre accentue, bien entendu, l'expression du malaise de l'âme du poète. Elle ajoute à la représentation de la voix de ce dernier un effet de dissonance et de déséquilibre qui la rend plus concrète, plus sensible.

Sonorités

Les sonorités d'un poème ou d'un passage donné contribuent à la fois à sa musicalité et à son sens. Il faudra donc examiner avec soin non seulement l'emploi des **rimes**, qui sont liées à la structure même du vers, mais aussi la manière dont le poète choisit les mots pour leurs **caractéristiques sonores** et crée des **ensembles de sons** destinés à renforcer certaines idées et/ou à produire diverses impressions sur le lecteur ou l'auditeur.

Rimes. L'élément qui marque le plus fortement le vers en poésie traditionnelle est certainement la rime. On dit qu'il y a rime lorsque deux ou plusieurs mots placés en fin de vers ont en commun au moins la voyelle de leur dernière syllabe et les sons qui peuvent la suivre (consonnes), comme « **fume** » et « **brume** » ([fym] et [bʀym]) aux vers 2 et 4 de *La Cloche fêlée*. Lorsque que vous analyserez les rimes, vous ferez bien attention au fait qu'il s'agit ici encore de **sons** (phonèmes) et non de graphie (lettres). Vous aurez noté à la lecture de *La Cloche fêlée* que « **nuits** » rime avec « en**nuis** » ([nɥi] et [ɑ̃nɥi]), le « t » de « nuits » n'étant pas prononcé (vv. 9,10). De même « **tente** » rime avec « por**tante** » ([tɑ̃t] et [pɔʀtɑ̃t]), « en » et « an » étant, comme nous l'avons déjà mentionné, des variantes graphiques de la voyelle nasale [ɑ̃] (vv. 6,8).

Parfois, par **licence poétique**, le poète emploie une rime qu'il vous sera peut-être difficile de déterminer en tant que telle. La **rime pour l'œil** que l'on appelle **rime normande** en est un exemple. Elle apparaît aux vers 1 et 3 de *La Cloche fêlée* où « **hiver** » ([ivɛʀ]) rime avec « s'él**ever** » ([seləve]).

Richesse des rimes. On reconnaît dans la rime française trois degrés de base, suivant le nombre de sons qui la composent : une rime peut être **pauvre**, **suffisante** ou **riche**. On dit qu'une rime est pauvre si elle n'est composée que d'un son, comme la rime en « eu » ([ø]) de « vigour**eux** » et « religi**eux** » (*La Cloche fêlée*, vv. 5, 7). Une rime suffisante a deux éléments en commun. C'est le cas de « **fume** » et « **brume** ». Une rime riche est formée de trois sons ou plus. Les associations « en**nuis** »/« **nuits** » et « por**tante** »/« **tente** » constituent donc des rimes riches.

Suivant leur agencement, les rimes contribuent aussi à créer certains rythmes qui peuvent appuyer la progression du poème de différentes manières. Du point de vue de leur richesse, la distribution des rimes dans *La Cloche fêlée* est comme suit : (1) première strophe : rime normande, suffisante, rime normande, suffisante ; (2) deuxième strophe : pauvre, riche, pauvre, riche ; (3) troisième et quatrième strophes : riche, riche, riche, riche, suffisante, suffisante. La première strophe est donc caractérisée par un flou sonore à la rime qui convient bien à renforcer l'impression de flou suggérée par les mots « fume » et « brume» et qui accompagne l'émergence des souvenirs. Ce flou est suivi d'une alternance de rimes pauvres et riches dans la deuxième strophe et d'une concentration de rimes riches dans les quatre premiers vers de la section correspondant aux deux dernières strophes (vv. 9–12). On peut dire qu'il y a une sorte de mise au point progressive des rimes qui aboutit sur un ensemble de rimes riches et ce n'est pas un hasard si ces dernières sont concentrées dans la section du poème qui décrit la voix du poète. Elles y constituent un réseau sonore qui marque cette section comme étant distincte du reste du poème. On notera ici que cet effet est accentué par le fait qu'une seule et même voyelle est à la base des deux rimes des vers 9–12 : [i].

Suite (succession) des rimes. Les rimes peuvent aussi être **plates**, **croisées** ou **embrassées**. Ces termes décrivent leur agencement sur la base des sons qui les composent et non leur richesse. Le poème de Baudelaire, par exemple, est composé de rimes croisées (ABAB/CDCD) suivies de rimes plates (EEFFGG) :

Il est amer et doux, pendant les nuits d'hi*ver*,	A
D'écouter, près du feu qui palpite et qui *fume*,	B
Les souvenirs lointains lentement s'éle*ver*	A
Au bruit des carillons qui chantent dans la br*ume*.	B
5 Bienheureuse la cloche au gosier vigour*eux*	C
Qui, malgré sa vieillesse, alerte et bien por*tante*,	D
Jette fidèlement son cri religi*eux*,	C
Ainsi qu'un vieux soldat qui veille sous la *tente* !	D
Moi, mon âme est fêlée, et lorsqu'en ses en*nuis*	E
10 Elle veut de ses chants peupler l'air froid des *nuits*,	E
Il arrive souvent que sa voix affai*blie*	F
Semble le râle épais d'un blessé qu'on ou*blie*	F
Au bord d'un lac de sang, sous un grand tas de m*orts*,	G
Et qui meurt, sans bouger, dans d'immenses eff*orts*.	G

Quant à la rime embrassée, elle suit le schéma ABBA.

Chacun de ces schémas produit des effets différents. La rime embrassée a tendance à fermer le passage qu'elle délimite, à l'unifier. La rime croisée crée un effet d'alternance qui se prête généralement mieux à souligner une progression, une continuité, comme celle de l'émergence des souvenirs dans la première strophe du poème de Baudelaire. La rime plate associe des vers successifs par unités de deux et engendre souvent un rythme plus lourd que la rime croisée. Mais, encore une fois, il ne s'agit là que de tendances et il faudra faire attention à ne pas trop généraliser et à bien examiner chaque texte dans le détail sans idées préconçues. Dans *La Cloche fêlée*, la distinction entre rime croisée et rime plate correspond à la séparation qui existe entre les deux premières et les deux dernières strophes, entre la cloche en bonne santé et la métaphore de l'âme fêlée. Par opposition surtout à l'alternance claire et régulière de la deuxième strophe, le changement de schéma dans les vers 9 à 14 contribue bien à marquer un rythme plus lourd, une progression plus lente sans retour en arrière et plus apte à traduire le caractère inéluctable de la venue de l'échec et de la mort.

Genre des rimes. Les rimes sont aussi **masculines** ou **féminines**. Une rime féminine se caractérise par la présence d'un [ə] caduc terminal. En poésie traditionnelle, la règle est de faire alterner les rimes masculines et féminines. C'est ce que fait Baudelaire dans son poème, qui est donc en cela très conventionnel.

Fonction des rimes. La fonction des rimes est souvent multiple. En plus des effets créés par leur richesse, leurs schémas de succession et le respect ou non-respect des règles qui concernent leur genre, les rimes peuvent mettre en rapport d'opposition ou de ressemblance des **mots-clés** placés en fin de vers. On notera dans la première strophe de *La Cloche fêlée* l'impact du rapport de ressemblance ainsi établi entre les deux mots suggérant l'impression de flou qui accompagne l'émergence progressive des souvenirs du poète, « **fume** » et « **brume** ». De la même manière, dans la deuxième strophe, Baudelaire unit « gosier vigou**reux** » et « cri religi**eux** » pour caractériser le son de la cloche bien portante, la deuxième expression apportant un complément d'information, peut-être même une explication à la première. Aux vers 11 et 12, l'association « affaiblie »/« oublie » met en valeur une progression allant de l'expression de la faiblesse de la voix du poète à celle de l'inutilité de ses efforts qui ne seront perçus par personne.

Sons et choix des mots. En plus du jeu des rimes, on peut remarquer dans le poème de Baudelaire certaines répétitions de sons dans des mots situés à proximité les uns des autres. Les répétitions de consonnes sont des **allitérations** et les répétitions de voyelles des **assonances**. Vous remarquerez, par exemple, au troisième vers les allitérations en [l] et [v] (« **L**es souvenirs **l**ointains **l**entement s'é**l**e**v**er ») ou celles en [l], [s] et [bl] aux vers 11 et 12 (« **Il** arrive **s**ouvent que **s**a voix affai**bl**ie / **S**emb**l**e **l**e râ**l**e épais d'un **bl**essé qu'on oublie ») ainsi que l'assonance en « **oi** » ([wa]) aux vers 10 et 11 (« fr**oi**d » et « v**oi**x »).

Tout comme les rimes, les répétitions sonores peuvent mettre en valeur certains termes, établir des liens entre eux. La répétition du son « oi » que nous venons de mentionner met en rapport non seulement les mots « froid » et « voix » mais les groupes de mots auxquels ils appartiennent, « froid des nuits » et « voix affaiblie », renforçant ainsi l'expression des conditions inclémentes qui affligent le poète. Les allitérations et les assonances peuvent aussi créer ou accentuer des rythmes (réguliers, irréguliers, fluides, heurtés ou saccadés, lents, rapides, etc.). Mais souvent l'effet des sons est dû à leur nature même. Dans « **L**es souvenirs **l**ointains **l**entement s'é**l**e**v**er », les allitérations en [l] et [v] confèrent au vers un aspect de relâchement propre à suggérer l'état de calme et de relaxation propice à l'émergence des souvenirs qui est évoqué dans les deux vers précédents. Ceci provient du fait que les consonnes [l] et [v] sont moins fermées et par conséquent moins dures qu'une consonne comme [k]. Ce phénomène, qui est aussi évident dans le cas des **onomatopées**, n'est pas limité aux ensembles d'allitérations et d'assonances et peut se retrouver dans de nombreux mots pris individuellement, suivant leur nature et leur contexte. Il vous sera donc utile de pouvoir décrire les sons de la manière la plus précise possible. Nous ne pouvons pas inclure ici un traitement détaillé de l'**expressivité** des consonnes et des voyelles du français. Toutefois, et surtout si vous n'avez pas encore suivi de cours de phonétique, l'aperçu suivant devrait vous aider dans vos premières analyses de poèmes.[10]

Les consonnes. Les consonnes, tout comme les voyelles, peuvent être classées de différentes manières suivant leurs différentes propriétés. Voici un tableau des consonnes françaises classées suivant leur degré d'ouverture et de fermeture et leur sonorité :

Consonnes	sourdes	sonores (voisées)
fermées ↑ ↓ **ouvertes**	p, t, k f, s, ʃ (**chant**)	b, d, g m, n v, z, ʒ (**gens, Jean**) ɲ (**gagner**), l, ʀ
Semi-consonnes (semi-voyelles)	j (**pied**), ɥ (**nuit**), w (**oui**)	

Si les consonnes comparativement **ouvertes** comme [v] et [l] peuvent exprimer le relâchement, les consonnes les plus **fermées**, comme les **plosives** (**occlusives**) **sourdes** (p, t, k), qui sont des consonnes **dures**, sont aptes à traduire des bruits intenses, comme dans l'onomatopée « **patatras** » ou le mot « **cri** », et en général, par extension, la force et l'intensité. Les consonnes **sonores** conviennent particulièrement bien pour faire ressentir la sonorité, la résonance, comme le [g] dans le « **gosier vigoureux** » de la cloche (v. 5). Les **sourdes** sont de nature à suggérer l'absence de résonance. Les **fricatives sourdes** (f, s, ʃ), elles, peuvent enrichir l'évocation de bruits constitués de frictions ou qui n'ont pas l'énergie de la vocalisation comme le font le [s] et le [f] dans « **sa voix affaiblie** » (*La Cloche fêlée*, v.11).

On dit aussi que les consonnes sont **liquides** (l, ʀ), **mouillées** (ɲ, j), **sifflantes** (s, z), **instantanées** (p, t, k, b, d, g), **continues** (f, s, ʃ, v, z, ʒ, l, m, n, ɲ, ʀ, j) ou **graves** ([ʀ, p, b, g] et dans une certaine mesure [m, v, ʒ]). Ces caractéristiques leur donnent le pouvoir d'évoquer respectivement, par exemple, la liquidité ou la fluidité, la mouillure ou l'humidité, des sonorités sifflantes ou des sensations aiguës, l'instantanéité, la brièveté ou l'interruption, la durée et l'obscurité, ainsi que de nombreuses notions qui se rattachent à ces dernières. De même, les consonnes

---

[10] Ceux qui voudront approfondir la question du pouvoir expressif des sons pourront consulter dans le *Dictionnaire de poétique et de rhétorique* de Morier les rubriques sur les consonnes et les voyelles, d'où nous tirons une grande partie des informations contenues dans notre bref aperçu. Voir en particulier les pages 250–97, 1286–1304.

dites **douces** (b, d, g, v, z, ʒ) peuvent se rattacher à l'expression de la douceur (**dou**x), acoustique ou autre, ou d'un faible degré d'intensité, et les consonnes les plus **faibles** (m, n, ɲ, l, j, ʀ) à la mollesse et au manque d'énergie. C'est ainsi que l'allitération en [m] dans les deux derniers vers du poème de Baudelaire prend toute sa signification : « ... sous un grand tas de **m**orts, / Et qui **m**eurt, sans bouger, dans d'i**mm**enses efforts » ! Quant aux groupes de consonnes, ceux qui forment une sorte d'entrave sont souvent ressentis comme exprimant la difficulté (**obstacle**) et l'effort.

Les voyelles. Voici un tableau des voyelles françaises classées suivant leur position buccale (antériorité et postériorité) et leur degré d'ouverture et de fermeture :

Voyelles	antérieures		centrales		postérieures	
fermées ↑ ↓ **ouvertes**	i y e ø ε ɛ̃	livre lu tombé, tomber **eux** près, **est**, etc. **pain**	ə œ œ̃ a	le **heure** **un** **chat**	u o ɔ ɔ̃ ɑ ɑ̃	tout pot **cloche** **on** râle **chante**

Suivant qu'elles sont articulées vers l'avant ou l'arrière de la cavité buccale, les voyelles peuvent être plus ou moins **claires** (voyelles antérieures) ou plus ou moins **graves** (voyelles postérieures). Parmi les voyelles claires, celles dont la résonance est la plus **élevée** ([i], [y]) sont plus aptes que les autres à suggérer des sons aux résonances similaires comme c'est le cas du « cri religieux » de la cloche de Baudelaire (v.7). Elles se prêtent aussi à la suggestion de sensations liées à l'extrême ou au paroxysme. Les voyelles aux résonances les plus **basses** comme [u], [o], [ɔ̃], [ɑ], [ɑ̃] ainsi que les nasales [œ̃] un [ɛ̃], à l'inverse, sont propres à traduire la gravité, la lourdeur, le caractère sombre des objets et des sentiments. Une voyelle **fermée** ([i], [y], [e], [ø], [o], [u]) peut suggérer la petitesse, la finesse alors que les voyelles **ouvertes** ([a], [ɑ], [ɑ̃], [œ], [ɔ]) facilitent l'expression de la grandeur, de la gloire (« la **gra**ndeur de la France »). Comme les consonnes, les voyelles varient aussi en **intensité**. Les voyelles à forte intensité ([a], [ɑ], [œ], [ɔ]) et dans certains cas [i] et [y]) favorisent l'expression de l'intensité, sonore (la cloche [la klɔʃ]) ou non, de la puissance, de la force, de la violence, de l'éclat. De leur côté, les voyelles à faible intensité, comme par exemple [u], [o], [ɔ̃], [ɑ̃], [œ̃], [ɛ̃], permettent d'évoquer de faibles intensités, la douceur (**dou**x) et l'atténuation. De par leur **forme**, les voyelles peuvent se prêter à l'expression de la rondeur, de l'affection, du mépris (voyelles **arrondies** : [y], [u], [ø], [œ], [ɔ], [o], [œ̃], [ɔ̃]) ou de la gaieté et de la moquerie (voyelles **écartées** : [i], [e], [ɛ]). Finalement, les voyelles **orales** peuvent suggérer la pureté, la précision, la fraîcheur alors que les **nasales** traduisent souvent l'impureté, l'atténuation et, par extension, des notions comme la lenteur et la tristesse. Ceci est dû au fait que la nasalition transforme, corrompt pour ainsi dire, des voyelles orales.

Groupements de vers : strophes et poèmes

Dans un poème, les vers peuvent être ou ne pas être regroupés en **strophes**, c'est-à-dire en ensembles généralement unis par la disposition de leurs rimes et de leurs vers. Baudelaire, pour *La Cloche fêlée*, a choisi la forme du **sonnet**, l'une des formes les plus pratiquées depuis son entrée dans la poésie française à la Renaissance. Le sonnet est **un poème à forme fixe**, de quatorze vers groupés en deux **quatrains** (strophes de quatre vers) et deux **tercets** (strophes de trois vers). Les vers peuvent également être regroupés en **distiques** (groupements de deux vers), **quintils** (strophes de cinq vers), **sizains** (strophes de six vers) et **septains** (strophes de sept vers). On trouve aussi des **huitains**, des **neuvains**, des **dizains**, des **onzains** et des **douzains**. Les poèmes, eux, peuvent correspondre à d'autres formes fixes, telles que la **ballade** ou le **rondeau**, ou bien à des formes libres basées ou non sur l'emploi de strophes.

La présence ou l'absence de strophes dans un poème est bien sûr un élément à considérer dans votre interprétation. Les strophes, en effet, donnent un certain rythme au texte. Les suites de strophes courtes auront tendance à créer un rythme plus rapide que les autres. L'absence de strophe, par contre, sera généralement plus apte à produire un rythme comparativement plus lourd, une présentation plus dense des éléments constituant le poème. Suivant le degré de correspondance entre la forme de la strophe et son contenu, la structure strophique peut aussi servir à ponctuer le développement du poème de différentes manières. On remarquera, par exemple, que les deux quatrains de *La Cloche fêlée* correspondent chacun à une phrase complète et à un thème distinct. Le premier évoque la remémoration du poète causée par le son des carillons alors que le deuxième développe la personnification de la cloche ébauchée au vers 4 par le verbe « chanter ». La division en strophes marque ici une transition, le passage du repli intérieur du moi sur ses souvenirs (première strophe) à l'évocation de l'assurance, de la clarté, voire de la joie qui caractérise la voix de la cloche (deuxième strophe). À l'harmonie des carillons et du chant correspond l'harmonie qui existe entre la strophe, le thème et la syntaxe (la phrase). Dans les tercets, la situation est très différente. Ceux-ci présentent en effet un profond désaccord entre la forme strophique et le contenu. Non seulement la phrase qui commence au premier vers du premier tercet continue jusqu'à la fin du deuxième tercet mais même la proposition subordonnée « *que sa voix affaiblie / Semble le râle épais d'un blessé* » est séparée en deux par la division strophique. Citons à nouveau le passage :

> Moi, mon âme est fêlée, et lorsqu'en ses ennuis
> Elle veut de ses chants peupler l'air froid des nuits,

Il arrive souvent *que sa voix affaiblie*

Semble le râle épais d'un blessé qu'on oublie
Au bord d'un lac de sang, sous un grand tas de morts,
Et qui meurt, sans bouger, dans d'immenses efforts.

Ici, l'effet, essentiellement visuel, de la séparation strophique contraste avec l'effet unificateur de la métaphore de la cloche fêlée et de la longue et unique phrase qui l'exprime. La division ne marque pas une transition entre deux idées ou deux mouvements successifs mais, à l'image de la fêlure, elle fonctionne comme une cassure, séparant en deux parties le contenu syntaxique et thématique des deux tercets.

Grammaire

Dans certaines unités, nous vous demanderons d'analyser l'emploi d'éléments grammaticaux que nous avons sélectionnés pour vous. Le poète peut en effet jouer avec la nature et la fonction de tels éléments dans le but de créer divers effets poétiques, diverses impressions sur le lecteur ou l'auditeur. La longue phrase qui remplit les deux tercets de *La Cloche fêlée* (voir paragraphe précédent) nous en fournit un bon exemple. En plus de sa division en deux strophes, qui suggère la fêlure, cette phrase tire son effet de sa longueur même et de la longueur des unités syntaxiques qui la composent. Non seulement elle dépasse les limites de la strophe mais elle est constituée d'une série de propositions qui pour la plupart débordent les limites de l'hémistiche et du vers :

- .... et lorsqu'en ses ennuis
  Elle veut de ses chants // peupler l'air froid des nuits,

- .... *que sa voix affaiblie*
  Semble le râle épais // d'un blessé

- .... qu'on oublie
  Au bord d'un lac de sang, // sous un grand tas de morts,

L'impression de longueur, qui est renforcée par cette succession de désaccords entre la syntaxe et le mètre, par l'accumulation des **propositions grammaticales**, ainsi que par les ensembles de **compléments circonstanciels** (« Au bord d'un lac de sang » / « sous un grand tas de morts », « sans bouger » / « dans d'immenses efforts »), traduit l'extrême difficulté qu'a la voix du poète à s'exprimer, notion qui est rendue explicite dans le dernier hémistiche du poème (« immenses efforts »).

De la même manière, vous examinerez, par exemple, la présence d'adjectifs ou l'emploi des temps (imparfait d'habitude, imparfait de durée, etc.). Nous vous recommandons pour ces exercices d'avoir une bonne grammaire française à votre disposition.

Structure

La notion de « structure », comme nous l'avons vu jusqu'à maintenant, s'applique à de nombreux aspects d'un poème. Dans les unités d'analyse, sous la rubrique de la section II intitulée « Structure »[11], il est question des mouvements du poème. *La Cloche fêlée* peut ainsi se diviser en deux mouvements principaux : (1) la voix de la cloche bien portante (vers 1–8) ; (2) la voix du poète (vers 9–14). Mais cette structure ne rend pas tout à fait compte de l'ensemble du poème. Nous avons vu que la première partie peut elle-même se diviser en deux autres parties internes correspondant chacune à un des deux quatrains : (a) la préparation de la comparaison, sa « mise en scène » (vers 1–4), qui correspond à un repli du moi sur lui-même propre à engendrer la méditation qui va suivre ; (b) le passage à l'image de la cloche bien portante.

Dans cette partie de votre analyse il faudra aussi déterminer, comme nous l'avons fait plus haut pour le poème de Baudelaire, la nature des rapports existant entre ces mouvements et la structure strophique du poème analysé, sa suite de rimes, ses rythmes, etc. (correspondance ou discordance), et en interpréter l'effet.

Récapitulation

La dernière section de chaque unité d'analyse est intitulée « INTER-PRÉTATION/SYNTHÈSE » (section III)[12]. C'est une section de récapitulation. En suivant la démarche qui y est suggérée, c'est-à-dire en résumant ce que vous aurez trouvé au cours de votre étude des éléments constitutifs du poème, vous aurez un plan possible de commentaire composé. Il vous suffira d'ajouter à ce plan l'information historique et bibliographique requise, une introduction et une conclusion, pour avoir tous les éléments nécessaires pour le devoir écrit que vous remettrez à votre professeur. Bien sûr, nous ne prétendons pas dans ce livre vous guider à travers une analyse exhaustive des poèmes et vous ou votre professeur trouverez certainement des sections à ajouter pour tel ou tel poème de façon à en examiner des aspects qui vous sembleront importants mais que nous n'avons pas traités. En fait, les unités que nous vous proposons ne couvrent pas systéma-tiquement tous les éléments présentés dans cette introduction. Elles n'ont pour but que de faciliter votre démarche pendant votre période d'apprentissage. Nous avons fait des choix qui, pour les poèmes en question, nous ont semblé pertinents ou ont été basés sur les réactions de nos étudiants. Par exemple, certaines unités comprennent une section sur les sonorités, ou les connotations, d'autres pas. Ces choix ne sont aucunement limitatifs et nous vous encourageons à aller plus loin et à faire preuve d'initiative dans vos analyses. Nous espérons que bientôt vous serez en mesure d'aborder les textes par vous-même d'une manière systématique et

---

[11] Voir, par exemple, pp. 40–41.

[12] Ibid, p. 42.

personnelle sans l'aide de ces unités, ou mieux, en créant vos propres grilles d'analyse ou votre propre démarche.

Unité préliminaire

Lisez (ou relisez) l'introduction (pp. 1–20), et répondez aux questions suivantes au fur et à mesure.

I. Remarques générales (premier paragraphe, p. 1) : cochez la réponse désirée.

- Un certain nombre d'interprétations différentes sont possibles pour un même poème :   □ vrai   □ faux

- Toutes les interprétations sont possibles pour un même poème. Cela dépend du lecteur :   □ vrai   □ faux

- Trouvez à la page 1 une raison qui explique votre réponse : _____

_____

II. Analyse et interprétation (p. 2)

Trouvez dans cette section des mots/expressions qui peuvent définir/préciser les termes suivants :

- analyse : _____

- interprétation : _____

III. Contenu sémantique et thématique

A. Sens des mots (pp. 3–4)

Sens littéral du mot « fêlé » : _____

Trouvez une connotation du mot « fêlé » : _____

Choisissez un autre mot dans le poème de Baudelaire. Indiquez certaines de ses connotations :

_____

_____

_____

B. Images (pp. 4–5)

B.1. Consultez cette section et relevez

■ deux comparaisons _____

_____

■ les mots qui indiquent qu'il s'agit bien de comparaisons _____

_____

■ d'autres mots qui peuvent introduire une comparaison _____

_____

■ une métaphore _____

■ deux exemples d'anthropomorphisme littéraire _____

_____

B.2. Consultez le poème de Baudelaire (p. 3) et trouvez

■ d'autres métaphores _____

_____

_____

_____

■ d'autres termes/expressions qui indiquent l'anthropomorphisme littéraire

_____

_____

_____

_____

_____

C. Champs lexicaux. Après avoir lu cette section (voir pp. 5–6), complétez le tableau ci-dessous par les mots/expressions qui renvoient aux catégories suivantes dans *La Cloche fêlée* (voir aussi le poème, p. 3) :

Bien-être, joie, santé	Souffrance, malheur	La cloche

IV. Forme et sens

A. Rythme et longueur des vers (pp. 6–8)

A.1. Comment s'appelle

- un vers de 8 syllabes ? _____

- un vers de 10 syllabes ? _____

- un vers de 12 syllabes ? _____

- un vers de 7 ou 9 syllabes ? _____

- une syllabe qui se termine par une voyelle ? _____

- une syllabe qui se termine par une consonne ? _____

A.2. Dans l'extrait ci-dessous (vv. 5–8 de *La Cloche fêlée*)

- encerclez les « e » caducs qu'il faut prononcer
- rayez les « e » caducs qu'il ne faut pas prononcer (¢)
- relevez s'il y a lieu

  ▸ une diérèse _____

  ▸ les liaisons et enchaînements (à préciser) _____

  _____

- séparez les syllabes par un trait oblique (/) de couleur

  5   *Bienheureuse la cloche au gosier vigoureux*

       Qui, malgré sa vieillesse, alerte et bien portante,

       Jette fidèlement son cri religieux,

       Ainsi qu'un vieux soldat qui veille sous la tente !

Indiquez pour ce même passage

- le nombre de syllabes qu'il y a dans chaque vers _____

- le nom du vers employé _____

- le type de vers (cochez) : vers pair □ ; vers impair □

B. Rythme et syntaxe (pp. 8–10)

B.1. Relevez dans le premier paragraphe de ce passage trois termes (mots ou groupes de mots) qui sont importants pour comprendre le rythme du français :

_____   _____   _____

B.2. Dans les extraits suivants, encerclez les accents toniques :

       Il est amer et doux

       malgré sa vieillesse

       Ainsi qu'un vieux soldat qui veille sous la tente !

B.3. Dans le passage suivant

- encerclez un hémistiche dans chaque strophe
- indiquez les coupes (// = césures ; / = autres coupes)

> *Il est amer et doux, pendant les nuits d'hiver,*
>
> *D'écouter, près du feu qui palpite et qui fume,*
>
> *Les souvenirs lointains lentement s'élever*
>
> *Au bruit des carillons qui chantent dans la brume.*

> 5　*Bienheureuse la cloche au gosier vigoureux*
>
> *Qui, malgré sa vieillesse, alerte et bien portante,*
>
> *Jette fidèlement son cri religieux,*
>
> *Ainsi qu'un vieux soldat qui veille sous la tente !*

B.4. Trouvez à la page 9 de l'introduction

- un trimètre romantique _____

- un décasyllabe _____

C. Rythme et sens (pp. 10–11)

Citez plusieurs mots qui peuvent décrire des caractéristiques rythmiques :

_____

_____

_____

_____

_____

_____

_____

_____

D. Rapports syntaxe/mètre (p. 11)

Trouvez dans cette section

■ un exemple d'accord entre syntaxe et mètre _____

_____

■ un exemple de désaccord entre syntaxe et mètre _____

_____

■ un effet poétique d'un désaccord entre syntaxe et mètre _____

_____

E. Sonorités

E.1. Rimes (pp. 12–14)

E.1.1. Nature des rimes. Consultez le poème de Baudelaire et indiquez

■ les rimes riches _____

_____

■ les rimes pauvres _____

_____

■ les rimes suffisantes _____

_____

■ une rime irrégulière _____

■ le schéma des rimes (cochez et expliquez)
   ☐ rime embrassée   ☐ rime plate
   ☐ rime croisée   ☐ combinaison

_____

_____

E.1.2. Fonction des rimes. Faites la liste des fonctions des rimes mentionnées dans cette section (pp. 12–14) :

_____

_____

_____

_____

E.2. Sons et choix des mots (pp. 14–17)

E.2.1. Remplissez le tableau suivant :

Relevez des allitérations et assonances qui apparaissent dans *La Cloche fêlée*		Expliquez sous forme de notes l'effet de ces techniques (rapport avec le sens du passage)
Allitérations	_____ _____ _____ _____ _____ _____ _____ _____	_____ _____ _____ _____ _____ _____ _____ _____
Assonances	_____ _____ _____ _____ _____ _____ _____	_____ _____ _____ _____ _____ _____ _____ _____

E.2.2. Nature des sons : consonnes et voyelles. Notez quelles sont

- les consonnes les plus fermées _____

- les consonnes les plus ouvertes _____

- les consonnes aptes à évoquer les notions suivantes (notez aussi pourquoi) :

Notions	Consonnes	Explication (pourquoi ?)
Le manque d'énergie		
La fluidité		
L'instantanéité		
La durée		
L'obscurité		
La difficulté		

- les voyelles aptes à évoquer les notions suivantes (notez aussi pourquoi) :

Notions	Voyelles	Explication (pourquoi ?)
La puissance		
La gravité		
Des sensations extrêmes		
La pureté		
L'impureté		
La douceur		

F. Groupements de vers (pp. 17–18)

F.1. Complétez. Le poème de Baudelaire est formé de _____ strophes,

deux _____ et deux _____. Ce type de

poème s'appelle _____.

F.2. Cochez. Dans *La Cloche fêlée*, la séparation strophique

(a) sépare des parties distinctes ☐ vrai ☐ faux

(b) constitue une rupture ☐ vrai ☐ faux

Expliquez votre réponse : _____

_____

_____

_____

G. Grammaire (p. 18)

G.1. Dans l'extrait ci-dessous, séparez les différentes propositions grammaticales par un trait oblique (/). Sous chaque proposition, notez sa nature
(proposition indépendante, principale, subordonnée circonstancielle, subordonnée relative, etc.) :

Moi, mon âme est fêlée, et lorsqu'en ses ennuis

_____

Elle veut de ses chants peupler l'air froid des nuits,

_____

Il arrive souvent que sa voix affaiblie

_____

Semble le râle épais d'un blessé qu'on oublie

_____

Au bord d'un lac de sang, sous un grand tas de morts,

_____

Et qui meurt, sans bouger, dans d'immenses efforts.

_____

G.2. Cochez la bonne réponse. Dans l'extrait ci-dessus, il y a

■   correspondance entre la syntaxe et la structure strophique

☐   vrai   ☐   faux

■   discordance entre la syntaxe et la structure strophique

☐   vrai   ☐   faux

Pourquoi ? Expliquez la nature et la fonction du phénomène observé :

_____

_____

_____

H. Structure (p. 19)

Dans *La Cloche fêlée*, il y a _____ parties.

Expliquez : _____

_____

_____

_____

_____

_____

_____

_____

Pierre de Ronsard

(1524–1585)

Comme on voit sur la branche...

Comme on voit sur la branche au mois de mai la rose,
En sa belle jeunesse, en sa première fleur,
Rendre le ciel jaloux de sa vive couleur,
Quand l'Aube de ses pleurs au point du jour l'arrose ;

5   La Grâce dans sa feuille et l'Amour se repose[1],
Embaumant les jardins et les arbres d'odeur ;
Mais, battue ou de pluie ou d'excessive ardeur,
Languissante elle meurt, feuille à feuille déclose.

Ainsi, en ta première et jeune nouveauté,
10 Quand la terre et le ciel honoraient ta beauté,
La Parque t'a tuée, et cendre tu reposes.

Pour obsèques reçois mes larmes et mes pleurs,
Ce vase plein de lait, ce panier plein de fleurs,
Afin que vif et mort ton corps ne soit que roses.

Sur la mort de Marie, 1578

Premières impressions. Après une lecture rapide ou deux, indiquez quelles sont vos premières impressions sur le sens/l'effet/l'intérêt général du poème.

_____

_____

_____

_____

---

[1] se repos**ent**

I. ÉTUDE DE LA LANGUE, COMPRÉHENSION

A. Lexique. Cherchez les mots suivants dans un dictionnaire français/français :

aube : _____

rendre : _____

déclose : _____

La Parque : _____

obsèques : _____

afin que : _____

B. Références et compréhension. Donnez les renseignements demandés (les mots concernés sont en italique dans le texte) :

Comme on voit sur la branche au mois de mai la rose,
En sa belle jeunesse, en sa première fleur,
Rendre le ciel jaloux de *sa* vive couleur,
Quand l'Aube de *ses* pleurs au point du jour *l'arrose* ;

5 La Grâce dans *sa* feuille et l'Amour se repose,
Embaumant les jardins et les arbres d'odeur ;
Mais, battue ou de pluie ou d'excessive ardeur,
Languissante *elle* meurt, feuille à feuille déclose.

Ainsi, en *ta* première et jeune nouveauté,
10 Quand la terre et le ciel honoraient ta beauté,
La Parque t'a tuée, et cendre *tu* reposes.

Pour obsèques reçois mes larmes et mes pleurs,
Ce vase plein de lait, ce panier plein de fleurs,
Afin que *vif* et mort ton corps ne soit que roses.

sa = _____

ses = _____

l' = _____

Sujet de *arrose* : _____

sa = _____

elle = _____

ta = _____

tu = _____

vif modifie _____

C. Structures grammaticales. Trouvez dans le poème

■ un verbe au présent qui indique un fait habituel _____

■ un verbe au présent qui indique un fait présent _____

■ l'expression d'une intention _____

II. ÉTUDE DÉTAILLÉE DU POÈME

A. Contenu sémantique et thématique

A.1. Relevez les mots et expressions relatifs aux thèmes suivants ou les évoquant :

	La vie	La mort
Premier quatrain		
v. 1		
v. 2		
v. 3		
v. 4		
Deuxième quatrain		
v. 5		
v. 6		
v. 7		
v. 8		
Premier tercet		
v. 9		
v. 10		
v. 11		
Deuxième tercet		
v. 12		
v. 13		
v. 14		

A.2. Relevez les

comparaisons	personnifications	métaphores	symboles

B. Versification et sens

B.1. Déterminez les caractéristiques suivantes du poème de Ronsard et, si possible, indiquez-en l'effet :

Caractéristiques	Effet/rapport avec le sens du poème
Nombre de syllabes dans chaque vers _____	
Type de vers _____	
Mode de groupement des vers (structure strophique, etc.) _____	
Type de poème _____	

B.2. Rimes

B.2.1. Indiquez le schéma de la suite des rimes (A, B, C, etc.), leur richesse (pauvres [P], suffisantes [S], riches [R]) et leur genre (m./f. [masc./fém.]) :

	Suite	Richesse	Genre
Comme on voit sur la branche au mois de mai la rose,	_____	_____	_____
En sa belle jeunesse, en sa première fleur,	_____	_____	_____
Rendre le ciel jaloux de sa vive couleur,	_____	_____	_____
Quand l'Aube de ses pleurs au point du jour l'arrose ;	_____	_____	_____

	Suite	Richesse	Genre
5 La Grâce dans sa feuille et l'Amour se repose,			
Embaumant les jardins et les arbres d'odeur ;			
Mais, battue ou de pluie ou d'excessive ardeur,			
Languissante elle meurt, feuille à feuille déclose.			
Ainsi, en ta première et jeune nouveauté,			
10 Quand la terre et le ciel honoraient ta beauté,			
La Parque t'a tuée, et cendre tu reposes.			
Pour obsèques reçois mes larmes et mes pleurs,			
Ce vase plein de lait, ce panier plein de fleurs,			
Afin que vif et mort ton corps ne soit que roses.			

B.2.2. Indiquez

■ le type de rime _____(embrassée, croisée, plate)

■ l'effet du schéma de la suite des rimes (fermeture, ouverture, unification, progression, accélération, ralentissement, etc.) et de leur degré de richesse

suite _____

_____

richesse _____

_____

B.3. Rythme et vers

B.3.1. Dans le texte ci-dessous, séparez les syllabes par une barre oblique (/) :

> Comme on voit sur la branche au mois de mai la rose,
> En sa belle jeunesse, en sa première fleur,
> Rendre le ciel jaloux de sa vive couleur,
> Quand l'Aube de ses pleurs au point du jour l'arrose ;
>
> 5   La Grâce dans sa feuille et l'Amour se repose,

> Embaumant les jardins et les arbres d'odeur ;
> Mais, battue ou de pluie ou d'excessive ardeur,
> Languissante elle meurt, feuille à feuille déclose.
>
>   Ainsi, en ta première et jeune nouveauté,
> 10   Quand la terre et le ciel honoraient ta beauté,
> La Parque t'a tuée, et cendre tu reposes.
>
> Pour obsèques reçois mes larmes et mes pleurs,
> Ce vase plein de lait, ce panier plein de fleurs,
> Afin que vif et mort ton corps ne soit que roses.

B.3.2. Coupes. Indiquez les coupes dans le texte (// = césure ; / = autres coupes) et complétez le tableau suivant :

Coupes	Notez ici toute remarque person-nelle sur la nature (faible, forte, etc.) et la fonction des coupes (à l'exception des remarques sur le rythme — voir B.3.3)
Comme on voit sur la branche au mois de mai la rose,	_____
En sa belle jeunesse, en sa première fleur,	_____
Rendre le ciel jaloux de sa vive couleur,	_____
Quand l'Aube de ses pleurs au point du jour l'arrose ;	_____
	_____
5 La Grâce dans sa feuille et l'Amour se repose,	_____
Embaumant les jardins et les arbres d'odeur ;	_____
Mais, battue ou de pluie ou d'excessive ardeur,	_____
Languissante elle meurt, feuille à feuille déclose.	_____
	_____
Ainsi, en ta première et jeune nouveauté,	_____
10 Quand la terre et le ciel honoraient ta beauté,	_____
La Parque t'a tuée, et cendre tu reposes.	_____
	_____
Pour obsèques reçois mes larmes et mes pleurs,	_____
Ce vase plein de lait, ce panier plein de fleurs,	_____
Afin que vif et mort ton corps ne soit que roses.	_____

B.3.3. Structure rythmique du vers. Consultez l'exemplaire du poème où vous avez indiqué les coupes (B.3.2) et complétez le tableau suivant :

Vers	Rythme du vers (ex. : 2/4//6, 3/3//4/ 2, 4/4/4)	Nature (régulier, irrégulier, équilibré, déséquilibré, ac-célération, ralentissement, progression, répétition, al-ternance, rupture, etc.)	Idées/thèmes/aspects mis en valeur, effets créés par le rythme (à indiquer sous forme de notes très brèves)
Premier quatrain			
1			
2			
3			
4			
Ensemble de la strophe			
Deuxième quatrain			
5			
6			
7			
8			
Ensemble de la strophe			
Premier tercet			
9			
10			
11			
Ensemble de la strophe			
Deuxième tercet			
12			
13			

Vers	Rythme du vers (ex. : 2/4//6, 3/3//4/ 2, 4/4/4)	Nature (régulier, irrégulier, équilibré, déséquilibré, accélération, ralentissement, progression, répétition, alternance, rupture, etc.)	Idées/thèmes/aspects mis en valeur, effets créés par le rythme (à indiquer sous forme de notes très brèves)
14			
Ensemble de la strophe			
Ensemble du poème			

B.4. Syntaxe et vers. Dans le texte où vous avez indiqué les coupes (B.3.2), marquez les enjambements (internes et de vers à vers) et indiquez-en ci-dessous les caractéristiques (quantité, distribution, etc.) et la fonction :

Vers n°	Caractéristiques/fonction (effet/rapport avec le sens)
—	
—	
—	
—	
—	
—	
—	

C. Répétitions

Dans cette section, vous identifierez dans le texte qui est à la page suivante les répétitions de mots ou de suites de mots (répétitions exactes [*départ/départ*] ou similaires [*départ/partir*]).

C.1. Répétitions de proximité. Tout d'abord, soulignez les différentes répétitions de proximité.

Comme on voit sur la branche au mois de mai la rose,
En sa belle jeunesse, en sa première fleur,
Rendre le ciel jaloux de sa vive couleur,
Quand l'Aube de ses pleurs au point du jour l'arrose ;

5 La Grâce dans sa feuille et l'Amour se repose,
Embaumant les jardins et les arbres d'odeur ;
Mais, battue ou de pluie ou d'excessive ardeur,
Languissante elle meurt, feuille à feuille déclose.

Ainsi, en ta première et jeune nouveauté,
10 Quand la terre et le ciel honoraient ta beauté,
La Parque t'a tuée, et cendre tu reposes.

Pour obsèques reçois mes larmes et mes pleurs,
Ce vase plein de lait, ce panier plein de fleurs,
Afin que vif et mort ton corps ne soit que roses.

C.2. Répétitions éloignées. Reliez les différentes répétitions éloignées dans le texte ci-dessus par des traits **d'une couleur différente** de celle que vous avez employée pour la section C.1.

C.3. Fonction des répétitions. Notez ci-dessous toute remarque qui vous vient à l'esprit sur la fonction des répétitions identifiées :

_____

_____

_____

_____

D. Sonorités

Marquez en couleur dans le texte ci-dessous les réseaux de sonorités (répétitions d'un même son, ensembles de sons similaires) que vous trouverez (employez une couleur différente pour chaque son ou ensemble). En face, notez vos remarques sur leur nature et leur effet/rapport avec le sens :

Sonorités	Description et effet/rapport avec le sens du poème
Comme on voit sur la branche au mois de mai la rose,	
En sa belle jeunesse, en sa première fleur,	
Rendre le ciel jaloux de sa vive couleur,	
Quand l'Aube de ses pleurs au point du jour l'arrose ;	
5 La Grâce dans sa feuille et l'Amour se repose,	
Embaumant les jardins et les arbres d'odeur ;	
Mais, battue ou de pluie ou d'excessive ardeur,	
Languissante elle meurt, feuille à feuille déclose.	
Ainsi, en ta première et jeune nouveauté,	
10 Quand la terre et le ciel honoraient ta beauté,	
La Parque t'a tuée, et cendre tu reposes.	
Pour obsèques reçois mes larmes et mes pleurs,	
Ce vase plein de lait, ce panier plein de fleurs,	
Afin que vif et mort ton corps ne soit que roses.	

E. Structure

E.1. Consultez vos réponses de la section II.A.1 et essayez de voir si, pour vous, la disposition dans le poème des termes relevés correspond à ou évoque un mouvement (progression, répétition, relation de ressemblance ou d'opposition, dimension statique, rupture, etc.) :

Notez vos observations : _____

E.2. Sur la base des observations précédentes, divisez le poème en parties et donnez un titre à chacune :

Première partie :

■   du vers ___1___ au vers _____ ; titre _____

Deuxième partie :

■   du vers _____ au vers _____ ; titre _____

Etc. _____

_____

_____

_____

E.3. Rapport entre les divisions observées ci-dessus (mouvements) et la structure strophique du poème (concordance, discordance, etc.). Essayez d'en expliquer la fonction (l'effet/le rapport avec le sens).

Rapport strophes/mouvements	Fonction/effet

III. INTERPRÉTATION/SYNTHÈSE

En vous basant sur les observations que vous avez faites dans les sections précédentes, indiquez sous forme de notes quels sont les rapports entre le fond du poème (à définir) et les éléments de sa forme que vous avez découverts (quelle est leur fonction ?) :

FOND
À votre avis, en quoi consiste-t-il ? (Thème/idée centrale, sens, intérêt, effet sur le lecteur, etc.)
_____
_____
_____

FORME	
Techniques employées par le poète (images, rimes, rythme des vers, rapport syntaxe/mètre, grammaire, structure, etc.) :	Fonction de chaque technique par rapport au fond du poème :
_____	_____
_____	_____
_____	_____
_____	_____
_____	_____
_____	_____
_____	_____
_____	_____
_____	_____
_____	_____

Louise Labé

(1526–1566)

Je vis, je meurs...

Je vis, je meurs : je me brûle et me noie.
J'ai chaud extrême en endurant froidure :
La vie m'est et trop molle et trop dure.
J'ai grands ennuis entremêlés de joie :

5   Tout à un coup je ris et je larmoie,
Et en plaisir maint grief tourment j'endure :
Mon bien s'en va, et à jamais il dure :
Tout en un coup je sèche et je verdoie.

Ainsi Amour inconstamment me mène :
10 Et, quand je pense avoir plus de douleur,
Sans y penser je me trouve hors de peine.

Puis, quand je crois ma joie être certaine,
Et être au haut de mon désiré heur,
Il me remet en mon premier malheur.

Les Œuvres de Louise Labé, lyonnaise, 1555

Premières impressions. Après une lecture rapide ou deux, indiquez quelles sont vos premières impressions sur le sens / l'effet / l'intérêt général du poème.

_____

_____

_____

_____

I. ÉTUDE DE LA LANGUE, COMPRÉHENSION

A. Lexique. Cherchez les mots suivants dans un dictionnaire français/français :

maint : _____

entremêler : _____

bien : _____

hors : _____

heur : _____

B. Références et compréhension. Donnez les renseignements demandés (les mots concernés sont en italique dans le texte) :

Je vis, je meurs : je me brûle et me *noie*. J'ai chaud extrême en endurant froidure : La vie m'est et trop molle et trop dure. J'ai grands ennuis entremêlés de joie :	Infinitif de *noie* : _____
5 Tout à un coup je ris et je *larmoie*, Et en plaisir maint grief tourment j'endure : Mon bien s'en va, et à jamais *il* dure : Tout en un coup je sèche et je *verdoie*.	Infinitif de *larmoie* : _____ *il* = _____ Infinitif de *verdoie* : _____
Ainsi Amour inconstamment me mène : 10 Et, quand je pense avoir plus de douleur, Sans *y* penser je me trouve hors de peine.	*y* = _____
Puis, quand je crois ma joie être certaine, Et être au haut de mon désiré heur, *Il* me remet en mon premier malheur.	*Il* = _____

C. Structures grammaticales. Réarrangez les éléments suivants en les mettant dans l'ordre syntaxique suggéré en italique :

Et en plaisir maint grief tourment j'endure :

_____

Sujet + verbe + objet direct + complément(s) circonstanciel(s)

II. ÉTUDE DÉTAILLÉE DU POÈME

A. Contenu sémantique et thématique

A.1. Antithèses

A.1.1. Complétez le tableau suivant à l'aide des antithèses (contrastes, oppositions sémantiques) que vous trouverez dans le poème de Labé :

Antithèses dont les deux termes ont des connotations négatives (N1/N2)	Antithèses dont les deux termes ont des connotations positives (P1/P2)	Antithèses dont les termes ont l'un des connotations négatives et l'autre des connotations positives (P/N ou N/P)
Je me brûle / (Je) me noie (N1 / N2) _____/_____ etc.	_____/_____ (P1 / P2) _____/_____ etc.	_____/_____ (P / N ou N / P) _____/_____ etc.

A.1.2. Suite/distribution des antithèses. En employant les codes proposés dans la section précédente (N1/N2, P1/P2, P/N et N/P), indiquez dans la colonne centrale du tableau ci-dessous et en face de chaque vers la présence des antithèses. Ensuite, notez vos remarques descriptives sur leur agencement et leur distribution dans la colonne de droite.

	Antithèses (codes: N1/N2, etc.)	Agencement/distribution (chiasme, suite, alternance, etc.)
Je vis, je meurs : je me brûle et me noie.	_____	_____
J'ai chaud extrême en endurant froidure :	_____	_____
La vie m'est et trop molle et trop dure.		
J'ai grands ennuis entremêlés de joie :	_____	_____
5 Tout à un coup je ris et je larmoie,	_____	_____
Et en plaisir maint grief tourment j'endure :	_____	_____
Mon bien s'en va, et à jamais il dure :	_____	_____
Tout en un coup je sèche et je verdoie.	_____	_____
Ainsi Amour inconstamment me mène :	_____	_____
10 Et, quand je pense avoir plus de douleur,	_____	_____
Sans y penser je me trouve hors de peine.	_____	_____
Puis, quand je crois ma joie être certaine,	_____	_____
Et être au haut de mon désiré heur,	_____	_____
Il me remet en mon premier malheur.	_____	_____

A.1.3. Commentaires généraux sur le rapport entre l'agencement des antithèses et son effet/rapport avec le sens :

_____

_____

_____

_____

_____

A.2. Images

A.2.1. Relevez les

comparaisons	personnifications	métaphores	symboles

A.2.2. Remarques générales sur les images (type, distribution, etc.) :

_____

_____

_____

B. Versification et sens

B.1. Déterminez les caractéristiques suivantes du poème de Louise Labé et, si possible, indiquez-en l'effet :

Caractéristiques	Effet/rapport avec le sens du poème
Nombre de syllabes dans chaque vers _____	_____
Type de vers _____	_____
Mode de groupement des vers (structure strophique, etc.) _____	_____
_____	_____
Type de poème _____	_____

B.2. Rimes

B.2.1. Indiquez le schéma de la suite des rimes (A, B, C, etc.) et leur richesse (P, S, R). Relevez aussi les mots mis en rapport d'identité et d'opposition à la rime (attention : il est possible que certains mots ne soient pas mis en rapport d'identité ni d'opposition) :

	Suite	Richesse	Rapports d'identité (relevez les mots)	Rapports d'opposition (relevez les mots)
Je vis, je meurs : je me brûle et me noie.	____	____	____	____
J'ai chaud extrême en endurant froidure :	____	____	____	____
La vie m'est et trop molle et trop dure.	____	____	____	____
J'ai grands ennuis entremêlés de joie :	____	____	____	____
5 Tout à un coup je ris et je larmoie,	____	____	____	____
Et en plaisir maint grief tourment j'endure :	____	____	____	____
Mon bien s'en va, et à jamais il dure :	____	____	____	____
Tout en un coup je sèche et je verdoie.	____	____	____	____
Ainsi Amour inconstamment me mène :	____	____	____	____
10 Et, quand je pense avoir plus de douleur,	____	____	____	____
Sans y penser je me trouve hors de peine.	____	____	____	____
Puis, quand je crois ma joie être certaine,	____	____	____	____
Et être au haut de mon désiré heur,	____	____	____	____
Il me remet en mon premier malheur.	____	____	____	____

B.2.2. Remarques générales sur les rimes et leur fonction :

_____

_____

_____

_____

_____

B.3. Rythme et vers

B.3.1. Coupes. Indiquez les coupes dans le texte (// = césure ; / = autres coupes) :

Je vis, je meurs : je me brûle et me noie.
J'ai chaud extrême en endurant froidure :
La vie m'est et trop molle et trop dure.
J'ai grands ennuis entremêlés de joie :

5   Tout à un coup je ris et je larmoie,
Et en plaisir maint grief tourment j'endure :
Mon bien s'en va, et à jamais il dure :
Tout en un coup je sèche et je verdoie.

Ainsi Amour inconstamment me mène :
10 Et, quand je pense avoir plus de douleur,
Sans y penser je me trouve hors de peine.

Puis, quand je crois ma joie être certaine,
Et être au haut de mon désiré heur,
Il me remet en mon premier malheur.

B.3.2. Structure rythmique du vers. Consultez ci-dessus l'exemplaire du poème où vous avez indiqué les coupes et complétez le tableau suivant :

Vers	Rythme du vers (ex. : 2/4//6, 3/3//4/2, 4/4/4)	Nature (régulier, irrégulier, équilibré, déséquilibré, accélération, ralentissement, progression, répétition, alternance, rupture, etc.)	Idées/thèmes/aspects mis en valeur, effets créés par le rythme (à indiquer sous forme de notes très brèves)
Premier quatrain			
1			
2			
3			
4			

Vers	Rythme du vers (ex. : 2/4//6, 3/3//4/ 2, 4/4/4)	Nature (régulier, irrégulier, équilibré, déséquilibré, accélération, ralentissement, progression, répétition, alternance, rupture, etc.)	Idées/thèmes/aspects mis en valeur, effets créés par le rythme (à indiquer sous forme de notes très brèves)
Ensemble de la strophe			
Deuxième quatrain			
5			
6			
7			
8			
Ensemble de la strophe			
Premier tercet			
9			
10			
11			
Ensemble de la strophe			
Deuxième tercet			
12			
13			
14			
Ensemble de la strophe			

	Nature (régulier, irrégulier, équilibré, déséquilibré, accélération, ralentissement, progression, répétition, alternance, rupture, etc.)	Idées/thèmes/aspects mis en valeur, effets créés par le rythme (à indiquer sous forme de notes très brèves)
Ensemble du poème		

B.3.3. Remarques générales sur la fonction/l'effet du rythme des vers :

_____

_____

_____

_____

_____

B.3.4. Mots mis en valeur par les coupes (y compris les césures) :

Vers n°	Mots mis en valeur par les coupes	Remarques sur les éléments accentués et la nature de la technique (effet/rapport avec le sens)
____	_____	_____
____	_____	_____
____	_____	_____
____	_____	_____
____	_____	_____
____	_____	_____
____	_____	_____
____	_____	_____
____	_____	_____ *(Continuez à la page suivante)*

Vers n°	Mots mis en valeur par les coupes (suite)	Remarques sur les éléments accentués et la nature de la technique (effet/rapport avec le sens)
___		
___		
___		
___		
___		
___		
___		

B.4. Syntaxe et vers. Dans le texte où vous avez indiqué les coupes (B.3.1), marquez les enjambements (internes et de vers à vers) en couleur. Ensuite, notez-en ci-dessous les caractéristiques (quantité, distribution, etc.) et l'effet/ le rapport avec le sens :

Vers n°	Caractéristiques et effet/rapport avec le sens
___	
___	
___	
___	
___	
___	
___	
___	

C. Structure

C.1. En vous basant sur votre lecture du texte et sur certaines des observations que vous avez faites lors de votre étude des sections précédentes, divisez le poème en parties et donnez un titre à chacune.

Première partie :

■   du vers ___1___ au vers _____ ; titre _____

Deuxième partie :

■   du vers _____ au vers _____ ; titre _____

Etc. _____

_____

_____

_____

_____

_____

C.2. Rapport entre les divisions observées ci-dessus (mouvements) et la structure strophique du poème (concordance, discordance, etc.). Essayez d'en expliquer la fonction (effet/rapport avec le sens).

Rapport strophes/mouvements	Fonction/effet

III. INTERPRÉTATION/SYNTHÈSE

En vous basant sur les observations que vous avez faites dans les sections précédentes, indiquez sous forme de notes quels sont les rapports entre le fond du poème (à définir) et les éléments de sa forme que vous avez découverts (quelle est leur fonction ?) :

FOND
À votre avis, en quoi consiste-t-il ? (Thème/idée centrale, sens, intérêt, effet sur le lecteur, etc.)
_____
_____
_____

FORME	
Techniques employées par le poète (images, rimes, rythme des vers, rapport syntaxe/mètre, grammaire, structure, etc.) :	Fonction de chaque technique par rapport au fond du poème :
_____	_____
_____	_____
_____	_____
_____	_____
_____	_____
_____	_____
_____	_____
_____	_____
_____	_____
_____	_____
_____	_____
_____	_____

Jean de La Fontaine

(1621–1695)

La Grenouille qui veut se faire aussi grosse que le bœuf

Une grenouille vit un bœuf
Qui lui sembla de belle taille.
Elle qui n'était pas grosse en tout comme un œuf[1],
Envieuse, s'étend, et s'enfle, et se travaille
5   Pour égaler l'animal en grosseur,
Disant : « Regardez bien, ma sœur ;
Est-ce assez ? dites-moi. N'y suis-je point[2] encore ?
— Nenni[3]. — M'y voici donc ? — Point du tout. — M'y voilà ?
— Vous n'en approchez point. » La chétive pécore
10   S'enfla si bien qu'elle creva[4].
Le monde est plein de gens qui ne sont pas plus sages :
Tout bourgeois veut bâtir comme les grands seigneurs ;
Tout petit prince a des ambassadeurs ;
Tout marquis veut avoir des pages.

Fables choisies, 1668

Premières impressions. Après une lecture rapide ou deux, indiquez quelles sont vos premières impressions sur le sens/l'effet/l'intérêt général du poème.

_____

_____

_____

_____

---

[1] Elle qui n'était pas plus grosse qu'un œuf.

[2] ne ... point = ne ... pas.

[3] Non.

[4] explosa.

I. ÉTUDE DE LA LANGUE, COMPRÉHENSION

A. Lexique. Cherchez les mots suivants dans un dictionnaire français/français :

(s') étendre : _____

(s') enfler : _____

chétive : _____

pécore : _____

B. Références et compréhension. Donnez les renseignements demandés (les mots concernés sont en italique dans le texte) :

Une grenouille vit un bœuf
Qui *lui* sembla de belle taille.
Elle qui n'était pas grosse en tout comme un œuf,
Envieuse, *s'étend*, et s'enfle, et se travaille
5   Pour égaler *l'animal* en grosseur,
Disant : « Regardez bien, ma sœur ;
Est-ce assez ? *dites*-moi. N'y suis-je point encore ?
— Nenni. — M'y voici donc ? — Point du tout. — M'y
[voilà ?
— *Vous* n'en approchez point. » *La chétive pécore*
10   S'enfla si bien qu'elle creva.
Le monde est plein de gens qui ne sont pas plus sages :
Tout bourgeois veut bâtir comme les grands seigneurs ;
Tout petit prince a des ambassadeurs ;
Tout marquis veut avoir des pages.

lui = _____

Sujet de *s'étend* : _____

l'animal = _____

Sujet de *dites* : _____

Vous = _____

La chétive pécore = _____

_____

C. Structures. Trouvez dans le poème

■   l'expression d'une impression _____

_____

■   l'expression d'une conséquence _____

_____

■   une demande de vérification _____

_____

II. ÉTUDE DÉTAILLÉE DU POÈME

A. Contenu sémantique et thématique

A.1. Relevez dans le poème le vocabulaire relatif à la notion de classes sociales :

_____

_____

_____

_____

A.2. Images

A.2.1. Relevez les

comparaisons	personnifications	métaphores	symboles

A.2.2. Remarques/conclusions générales sur les images (quantité, distribution, type, etc.) :

_____

_____

_____

_____

_____

A.3. Narration.

A.3.1. La fable est un poème narratif. Relevez les verbes et les éléments qui correspondent à la suite des moments de la narration (série d'actions). Attention : notez bien chaque moment de la narration (chaque action), qu'il soit ou non exprimé par un verbe.

Vers	Moments successifs de la narration—employez des abréviations si nécessaire	Observations sur la nature des éléments relevés (s'agit-il d'une cause, d'un résultat, du discours du narrateur, des paroles des personnages, d'un verbe, y a-t-il simultanéité d'actions, etc.?)
1		
2		
3		
4		
5		
6		
7		
8		
9		
10		
11		
12		
13		
14		

A.3.2. Remarques sur la structure de la fable (basées sur la section A.3.1) :

_____

_____

_____

B. Versification et sens

B.1. Longueur des vers

B.1.1. Dans le texte ci-dessous, séparez les syllabes par une barre oblique (/) et, à droite, indiquez-en le nombre pour chacun des vers :

Syllabes	Nombre
Une grenouille vit un bœuf	_____
Qui lui sembla de belle taille.	_____
Elle qui n'était pas grosse en tout comme un œuf,	_____
Envieuse, s'étend, et s'enfle, et se travaille	_____
5 Pour égaler l'animal en grosseur,	_____
Disant : « Regardez bien, ma sœur ;	_____
Est-ce assez ? dites-moi. N'y suis-je point encore ?	_____
— Nenni. — M'y voici donc ? — Point du tout. — M'y voilà ?	_____
— Vous n'en approchez point. » La chétive pécore	_____
10 S'enfla si bien qu'elle creva.	_____
Le monde est plein de gens qui ne sont pas plus sages :	_____
Tout bourgeois veut bâtir comme les grands seigneurs ;	_____
Tout petit prince a des ambassadeurs ;	_____
Tout marquis veut avoir des pages.	_____

B.1.2. Indiquez quel(s) type (s) de vers La Fontaine a employé : _____

B.1.3. Indiquez sous forme de notes très brèves vos remarques sur l'effet de la suite des vers (rapport entre leur longueur et le sens du poème) :

Vers n°	Schémas créés par l'agencement des vers (variations, allongement, diminution, progression, parallélisme, etc.)	Effet/rapport avec le sens du poème
1 à ...		

(Continuez à la page suivante)

Vers n°	Schémas créés par l'agencement des vers (variations, allongement, diminution, progression, parallélisme, etc.)—(suite)	Effet/rapport avec le sens du poème

B.2. Rimes

B.2.1. Succession des rimes. Indiquez

■ le schéma complet (A, B, C, etc.) de la suite des rimes :

	Schéma
Une grenouille vit un bœuf	_____
Qui lui sembla de belle taille.	_____
Elle qui n'était pas grosse en tout comme un œuf,	_____
Envieuse, s'étend, et s'enfle, et se travaille	_____
5 Pour égaler l'animal en grosseur,	_____
Disant : « Regardez bien, ma sœur ;	_____
Est-ce assez ? dites-moi. N'y suis-je point encore ?	_____
— Nenni. — M'y voici donc ? — Point du tout. — M'y voilà ?	_____
— Vous n'en approchez point. » La chétive pécore	_____
10 S'enfla si bien qu'elle creva.	_____
Le monde est plein de gens qui ne sont pas plus sages :	_____
Tout bourgeois veut bâtir comme les grands seigneurs ;	_____
Tout petit prince a des ambassadeurs ;	_____
Tout marquis veut avoir des pages.	_____

■ le type de rime :   embrassée   _____

(Indiquez ici le numéro des vers)

croisée   _____

plate   _____

■ les caractéristiques du schéma de succession des rimes (fermeture, ouverture, unification, progression, accélération, ralentissement, etc.) et leur effet/rapport avec le sens :

N° des vers	Caractéristiques	Effet/rapport avec le sens
1 –		
–		
–		
–		
–		
–		
–		

B.2.2. Richesse. Complétez le tableau suivant (écrivez les mots et soulignez la rime) :

Vers	Rimes pauvres	Rimes suffisantes	Rimes riches	Observations sur les mots/idées mis en valeur et les effets créés (contrastes, etc.)
1				
2				
3				
4				
5				
6				
7				
8				
9				
10				

Vers	Rimes pauvres	Rimes suffisantes	Rimes riches	Observations sur les mots/ idées mis en valeur et les effets créés (contrastes, etc.)
11				
12				
13				
14				

B.3. Rythme et vers

B.3.1. Coupes. Indiquez les coupes dans le texte (// = césure ; / = autres coupes) :

> Une grenouille vit un bœuf
> Qui lui sembla de belle taille.
> Elle qui n'était pas grosse en tout comme un œuf,
> Envieuse, s'étend, et s'enfle, et se travaille
> 5   Pour égaler l'animal en grosseur,
> Disant : « Regardez bien, ma sœur ;
> Est-ce assez ? dites-moi. N'y suis-je point encore ?
> — Nenni. — M'y voici donc ? — Point du tout. — M'y voilà ?
> — Vous n'en approchez point. » La chétive pécore
> 10   S'enfla si bien qu'elle creva.
> Le monde est plein de gens qui ne sont pas plus sages :
> Tout bourgeois veut bâtir comme les grands seigneurs ;
> Tout petit prince a des ambassadeurs ;
> Tout marquis veut avoir des pages.

B.3.2. Structure rythmique du vers. Consultez l'exemplaire du poème où vous avez indiqué les coupes (B.3.1) et complétez le tableau suivant :

Vers	Rythme du vers (ex. : 2/4//6, 3/3//4/ 2, 4/4/4)	Nature (régulier, irrégulier, équilibré, déséquilibré, accélération, ralentissement, progression, répétition, alternance, rupture, etc.)	Idées/thèmes/aspects mis en valeur, effets créés par le rythme (à indiquer sous forme de notes très brèves)
1			

Vers	Rythme du vers (ex. : 2/4//6, 3/3//4/2, 4/4/4)	Nature (régulier, irrégulier, équilibré, déséquilibré, accélération, ralentissement, progression, répétition, alternance, rupture, etc.)	Idées/thèmes/aspects mis en valeur, effets créés par le rythme (à indiquer sous forme de notes très brèves)
2			
3			
4			
5			
6			
7			
8			
9			
10			
11			
12			
13			
14			
Ensemble du poème			

B.3.3. Coupes et sens. Indiquez quels sont les mots mis en valeur et les effets de sens créés par les coupes (à l'exception des effets rythmiques) :

Vers	Mots mis en valeur	Effets de sens, thèmes/idées accentués
1		
2		
3		
4		
5		
6		
7		
8		
9		
10		
11		
12		
13		
14		

B.4. Syntaxe et vers. Dans le texte ci-dessous, indiquez les enjambements (de vers à vers et internes) et examinez-en les caractéristiques (quantité, distribution, etc.) et l'effet/le rapport avec le sens :

Enjambements (à souligner ou marquer en couleur)	Caractéristiques/effet
Une grenouille vit un bœuf	_____
Qui lui sembla de belle taille.	_____
Elle qui n'était pas grosse en tout comme un œuf,	_____
Envieuse, s'étend, et s'enfle, et se travaille	_____

Enjambements (à souligner ou marquer en couleur)	**Caractéristiques/effet**
5 Pour égaler l'animal en grosseur,	_____
Disant : « Regardez bien, ma sœur ;	_____
Est-ce assez ? dites-moi. N'y suis-je point encore ?	_____
— Nenni. — M'y voici donc ? — Point du tout. — M'y voilà ?	_____
— Vous n'en approchez point. » La chétive pécore	_____
10 S'enfla si bien qu'elle creva.	_____
Le monde est plein de gens qui ne sont pas plus sages :	_____
Tout bourgeois veut bâtir comme les grands seigneurs ;	_____
Tout petit prince a des ambassadeurs ;	_____
Tout marquis veut avoir des pages.	_____

C. Structure

En vous basant sur votre lecture du texte et sur certaines des observations que vous avez faites lors de votre étude des sections précédentes (revoyez en particulier la section II.A.3), divisez le poème en parties et donnez un titre à chacune.

Première partie :

■   du vers ___1___ au vers _____ ; titre _____

Deuxième partie :

■   du vers _____ au vers _____ ; titre _____

Etc. _____

_____

_____

_____

_____

_____

_____

III. INTERPRÉTATION/SYNTHÈSE

En vous basant sur les observations que vous avez faites dans les sections précédentes, indiquez sous forme de notes quels sont les rapports entre le fond du poème (à définir) et les éléments de sa forme que vous avez découverts (quelle est leur fonction ?) :

FOND
À votre avis, en quoi consiste-t-il ? (Thème/idée centrale, sens, intérêt, effet sur le lecteur, etc.)
_____
_____
_____

FORME	
Techniques employées par le poète (images, rimes, rythme des vers, rapport syntaxe/mètre, grammaire, structure, etc.) :	Fonction de chaque technique par rapport au fond du poème :
_____	_____
_____	_____
_____	_____
_____	_____
_____	_____
_____	_____
_____	_____
_____	_____
_____	_____
_____	_____
_____	_____
_____	_____

Alfred de Musset

(1810–1857)

Tristesse

J'ai perdu ma force et ma vie,
Et mes amis et ma gaîté ;
J'ai perdu jusqu'à la fierté
Qui faisait croire à mon génie.

5   Quand j'ai connu la Vérité,
J'ai cru que c'était une amie ;
Quand je l'ai comprise et sentie,
J'en étais déjà dégoûté.

Et pourtant elle est éternelle,
10 Et ceux qui se sont passés d'elle
Ici-bas ont tout ignoré.

Dieu parle, il faut qu'on lui réponde.
Le seul bien qui me reste au monde
Est d'avoir quelquefois pleuré.

Revue des deux mondes, 1841

Premières impressions. Après une lecture rapide ou deux, indiquez quelles sont vos premières impressions sur le sens/l'effet/l'intérêt général du poème.

_____

_____

_____

_____

I. ÉTUDE DE LA LANGUE, COMPRÉHENSION

Références et compréhension. Donnez les renseignements demandés (les mots concernés sont en italique dans le texte) :

> 5 Quand j'ai connu la Vérité,
>   J'ai cru que c'était une amie ;
>   Quand je *l*'ai comprise et sentie,
>   J'*en* étais déjà dégoûté.
>
>   Et pourtant elle est éternelle,
> 10 Et ceux qui se sont passés d'*elle*
>   Ici-bas *ont* tout *ignoré*.

l' = _____

en = _____

elle = _____

sujet de *ont ignoré* : _____

II. ÉTUDE DÉTAILLÉE DU POÈME

A. Contenu sémantique et thématique

A.1. Relevez les

comparaisons	personnifications	métaphores	symboles

A.2. Remarques/conclusions générales sur les images (quantité, distribution, type, etc.) :

_____

_____

_____

_____

B. Grammaire et sens

B.1. Verbes et temps

B.1.1. Soulignez ou marquez les verbes en couleur et indiquez-en le temps et le mode. Indiquez aussi le sens exprimé par le temps de chacun de ces verbes (consultez une grammaire française si nécessaire).

Verbes (à souligner ou marquer dans le texte)	Temps et mode	Sens
J'ai perdu ma force et ma vie,		
Et mes amis et ma gaîté ;		
J'ai perdu jusqu'à la fierté		
Qui faisait croire à mon génie.		
5 Quand j'ai connu la Vérité,		
J'ai cru que c'était une amie ;		
Quand je l'ai comprise et sentie,		
J'en étais déjà dégoûté.		
Et pourtant elle est éternelle,		
10 Et ceux qui se sont passés d'elle		
Ici-bas ont tout ignoré.		
Dieu parle, il faut qu'on lui réponde.		
Le seul bien qui me reste au monde		
Est d'avoir quelquefois pleuré.		

B.1.2. Remarques générales sur l'emploi des temps (sens, distribution, effet, etc.) :

_____

_____

_____

_____

_____

B.2. Catégories sémantiques des verbes

B.2.1. Essayez de regrouper les verbes identifiés dans la section précédente sous des catégories sémantiques et nommez chacune d'entre elles (indiquez quelle est l'idée commune de tous les verbes qui appartiennent à chaque catégorie : par exemple, *la nécessité*, *la joie*, etc.) :

Nom de la catégorie				etc.
Verbes				

B.2.2. Quelles conclusions générales pouvez-vous tirer au sujet du sens/de l'intérêt du poème à partir des éléments identifiés ci-dessus (B.2.1) ?

_____

_____

_____

_____

_____

_____

_____

C. Versification et sens

C.1. Déterminez les caractéristiques suivantes du poème de Musset et, si possible, indiquez-en l'effet :

Caractéristiques	Effet/rapport avec le sens du poème
Nombre de syllabes dans chaque vers _____	_____
Type de vers _____	_____
Mode de groupement des vers (structure strophique, etc.) _____	_____
_____	_____
Type de poème _____	_____

C.2. Rimes

C.2.1. Indiquez le schéma de la suite des rimes (A, B, C, etc.), leur richesse (P, S, R) et leur genre (m./f.) :

	Suite	Richesse	Genre
J'ai perdu ma force et ma vie,	_____	_____	_____
Et mes amis et ma gaîté ;	_____	_____	_____
J'ai perdu jusqu'à la fierté	_____	_____	_____
Qui faisait croire à mon génie.	_____	_____	_____
5 Quand j'ai connu la Vérité,	_____	_____	_____
J'ai cru que c'était une amie ;	_____	_____	_____
Quand je l'ai comprise et sentie,	_____	_____	_____
J'en étais déjà dégoûté.	_____	_____	_____
Et pourtant elle est éternelle,	_____	_____	_____
10 Et ceux qui se sont passés d'elle	_____	_____	_____
Ici-bas ont tout ignoré.	_____	_____	_____
Dieu parle, il faut qu'on lui réponde.	_____	_____	_____
Le seul bien qui me reste au monde	_____	_____	_____
Est d'avoir quelquefois pleuré.	_____	_____	_____

C.2.2. Ci-dessous, notez les caractéristiques des rimes (nature des schémas, etc.) et essayez d'en expliquer l'effet/le rapport avec le sens du poème :

Caractéristiques	Effet/rapport avec le sens
Suite _____	_____
_____	_____
_____	_____
Richesse _____	_____
_____	_____
Genre _____	_____
_____	_____

C.3. Syntaxe et vers

C.3.1. Analyse grammaticale. Indiquez en couleur dans le texte ci-dessous les différentes **propositions** (ex. : propositions indépendantes, propositions principales, propositions subordonnées circonstancielles [adverbiales], relatives, etc.) et séparez-les par une barre oblique (/). Dans la colonne de droite, numérotez les phrases (1 = première phrase ; 2 = deuxième phrase, etc.) :

Propositions	Type de proposition grammaticale	Phrase n°
J'ai perdu ma force et ma vie,	_____	____
Et mes amis et ma gaîté ;	_____	____
J'ai perdu jusqu'à la fierté	_____	____
Qui faisait croire à mon génie.	_____	____
5 Quand j'ai connu la Vérité,	_____	____
J'ai cru que c'était une amie ;	_____	____
Quand je l'ai comprise et sentie,	_____	____
J'en étais déjà dégoûté.	_____	____
Et pourtant elle est éternelle,	_____	____
10 Et ceux qui se sont passés d'elle	_____	____
Ici-bas ont tout ignoré.	_____	____

Propositions	Type de proposition grammaticale	Phrase n°
Dieu parle, il faut qu'on lui réponde. Le seul bien qui me reste au monde Est d'avoir quelquefois pleuré.	_____ _____ _____	____ ____ ____

C.3.2. Soulignez les répétitions syntaxiques (parallélismes syntaxiques) dans le texte (vous pouvez employer des couleurs différentes pour accentuer les similarités et les différences). Notez dans la colonne de droite vos observations sur leur distribution dans le poème :

Répétitions syntaxiques	Observations sur les parallélismes
J'ai perdu ma force et ma vie, Et mes amis et ma gaîté ; J'ai perdu jusqu'à la fierté Qui faisait croire à mon génie.	_____
5 Quand j'ai connu la Vérité, J'ai cru que c'était une amie ; Quand je l'ai comprise et sentie, J'en étais déjà dégoûté.	_____
Et pourtant elle est éternelle, 10 Et ceux qui se sont passés d'elle Ici-bas ont tout ignoré.	_____
Dieu parle, il faut qu'on lui réponde. Le seul bien qui me reste au monde Est d'avoir quelquefois pleuré.	_____

C.3.3. Consultez vos analyses précédentes (C.3.1, C.3.2) et, à l'aide du tableau de la page suivante, étudiez le rapport entre la structure syntaxique et la structure métrique (vers, strophe) du poème :

Discordances syntaxe/vers/strophe (à marquer en couleur dans le texte)	Rapport syntaxe/vers/strophe (correspondances/discordances, etc.)
J'ai perdu ma force et ma vie,	
Et mes amis et ma gaîté ;	
J'ai perdu jusqu'à la fierté	
Qui faisait croire à mon génie.	
5 Quand j'ai connu la Vérité,	
J'ai cru que c'était une amie ;	
Quand je l'ai comprise et sentie,	
J'en étais déjà dégoûté.	
Et pourtant elle est éternelle,	
10 Et ceux qui se sont passés d'elle	
Ici-bas ont tout ignoré.	
Dieu parle, il faut qu'on lui réponde.	
Le seul bien qui me reste au monde	
Est d'avoir quelquefois pleuré.	

C.3.4. Notez vos conclusions concernant le rapport entre les faits observés ci-dessus (C.3.1, C.3.2 et C.3.3) et le sens/l'intérêt du poème. (Quel est l'effet des caractéristiques que vous avez remarquées ?)

_____

_____

_____

_____

_____

C.4. Rythme et vers

C.4.1. Dans le texte qui suit, séparez les syllabes d'une barre oblique (/). Marquez aussi les coupes d'une barre oblique d'une couleur différente :

> J'ai perdu ma force et ma vie,
> Et mes amis et ma gaîté ;
> J'ai perdu jusqu'à la fierté
> Qui faisait croire à mon génie.
>
> 5   Quand j'ai connu la Vérité,
> J'ai cru que c'était une amie ;
> Quand je l'ai comprise et sentie,
> J'en étais déjà dégoûté.
>
> Et pourtant elle est éternelle,
> 10   Et ceux qui se sont passés d'elle
> Ici-bas ont tout ignoré.
>
> Dieu parle, il faut qu'on lui réponde.
> Le seul bien qui me reste au monde
> Est d'avoir quelquefois pleuré.

C.4.2. Structure rythmique du vers. Consultez l'exemplaire du poème où vous avez indiqué les coupes (C.4.1) et complétez le tableau suivant :

Vers	Rythme du vers (ex. : 2/4//6, 3/3//4/ 2, 4/4/4)	Nature (régulier, irrégulier, équilibré, déséquilibré, ac-célération, ralentissement, progression, répétition, al-ternance, rupture, etc.)	Idées/thèmes/aspects mis en valeur, effets créés par le rythme (à indiquer sous forme de notes très brèves)
Premier quatrain			
1			
2			
3			
4			
Ensemble de la strophe			

Vers	Rythme du vers (ex. : 2/4//6, 3/3//4/ 2, 4/4/4)	Nature (régulier, irrégulier, équilibré, déséquilibré, accélération, ralentissement, progression, répétition, alternance, rupture, etc.)	Idées/thèmes/aspects mis en valeur, effets créés par le rythme (à indiquer sous forme de notes très brèves)
Deuxième quatrain			
5			
6			
7			
8			
Ensemble de la strophe			
Premier tercet			
9			
10			
11			
Ensemble de la strophe			
Deuxième tercet			
12			
13			
14			
Ensemble de la strophe			

	Nature (régulier, irrégulier, équilibré, déséquilibré, accélération, ralentissement, progression, répétition, alternance, rupture, etc.)	Idées/thèmes/aspects mis en valeur, effets créés par le rythme (à indiquer sous forme de notes très brèves)
Ensemble du poème		

D. Répétitions

D.1. Identifiez les répétitions de mots ou de suites de mots et faites-en la description :

Répétitions (à souligner ou marquer en couleur)	Description des éléments répétés (noms, pronoms [personne grammaticale], verbes, etc.)	Description de la distribution de ces éléments (ex.: où se trouvent-ils dans le vers ? dans le poème ?)
J'ai perdu ma force et ma vie,		
Et mes amis et ma gaîté ;		
J'ai perdu jusqu'à la fierté		
Qui faisait croire à mon génie.		
5 Quand j'ai connu la Vérité,		
J'ai cru que c'était une amie ;		
Quand je l'ai comprise et sentie,		
J'en étais déjà dégoûté.		
Et pourtant elle est éternelle,		
10 Et ceux qui se sont passés d'elle		
Ici-bas ont tout ignoré.		
Dieu parle, il faut qu'on lui réponde.		
Le seul bien qui me reste au monde		
Est d'avoir quelquefois pleuré.		

D.2. Remarques générales sur l'emploi et la fonction des répétitions de mots dans l'ensemble du poème. Essayez d'expliquer leur effet/rapport avec le sens du texte :

_____

_____

_____

_____

_____

_____

_____

E. Structure

E.1. En vous basant sur votre lecture du texte et sur certaines des observations que vous avez faites lors de votre étude des sections précédentes, divisez le poème en parties et donnez un titre à chacune.

Première partie :

■   du vers ____1____ au vers _____ ; titre _____

Deuxième partie :

■   du vers _____ au vers _____ ; titre _____

Etc. _____

_____

_____

_____

_____

_____

E.2. Rapport entre les divisions observées ci-dessus (mouvements) et la structure strophique du poème (concordance, discordance, etc.). Essayez d'en expliquer la fonction (effet/rapport avec le sens).

Rapport strophes/mouvements	Fonction/effet

III. INTERPRÉTATION/SYNTHÈSE

En vous basant sur les observations que vous avez faites dans les sections précédentes, indiquez sous forme de notes quels sont les rapports entre le fond du poème (à définir) et les éléments de sa forme que vous avez découverts (quelle est leur fonction ?) :

FOND
À votre avis, en quoi consiste-t-il ? (Thème/idée centrale, sens, intérêt, effet sur le lecteur, etc.)
_____
_____
_____

FORME	
Techniques employées par le poète (images, rimes, rythme des vers, rapport syntaxe/mètre, grammaire, structure, etc.) :	Fonction de chaque technique par rapport au fond du poème :
_____	_____
_____	_____
_____	_____
_____	_____
_____	_____
_____	_____
_____	_____
_____	_____
_____	_____
_____	_____
_____	_____
_____	_____
_____	_____

Victor Hugo

(1802–1885)

Demain, dès l'aube...

Demain, dès l'aube, à l'heure où blanchit la campagne,
Je partirai. Vois-tu, je sais que tu m'attends.
J'irai par la forêt, j'irai par la montagne.
Je ne puis demeurer loin de toi plus longtemps.

5   Je marcherai les yeux fixés sur mes pensées,
Sans rien voir au dehors, sans entendre aucun bruit,
Seul, inconnu, le dos courbé, les mains croisées,
Triste, et le jour pour moi sera comme la nuit.

Je ne regarderai ni l'or du soir qui tombe,
10 Ni les voiles au loin descendant vers Harfleur,
Et quand j'arriverai, je mettrai sur ta tombe [1]
Un bouquet de houx vert et de bruyère en fleur.

Les Contemplations, 1856

Premières impressions. Après une lecture rapide ou deux, indiquez quelles sont vos premières impressions sur le sens/l'effet/l'intérêt général du poème.

_____

_____

_____

_____

---

[1] Léopoldine, la fille aînée de Victor Hugo, est morte noyée à Villequier, près de l'estuaire de la Seine, le 4 septembre 1843.

I. ÉTUDE DE LA LANGUE, COMPRÉHENSION

A. Lexique. Cherchez les mots suivants dans un dictionnaire bilingue :

houx : _____

bruyère : _____

B. Consultez un dictionnaire encyclopédique ou l'Internet et situez les noms suivants sur une carte. Donnez des précisions géographiques ci-dessous :

Villequier : _____

Harfleur : _____

II. ÉTUDE DÉTAILLÉE DU POÈME

A. Contenu sémantique et thématique

A.1. Relevez les mots et expressions relatifs ou renvoyant aux thèmes indiqués ci-dessous (il n'est pas nécessaire de remplir toutes les cases) :

Vers n°	Le temps (expressions de temps)	Le voyage	La nature	La mort
Première strophe				
1				
2				
3				
4				
Deuxième strophe				
5				

Vers n°	Le temps (expressions de temps)	Le voyage	La nature	La mort
6				
7				
8				
Troisième strophe				
9				
10				
11				
12				

A.2. Consultez vos réponses de la section A.1 et essayez de voir si, pour vous, les termes relevés évoquent ou correspondent à un mouvement : progression, répétition, relation de ressemblance ou d'opposition, dimension statique, etc. Expliquez sous forme de notes très brèves.

_____

_____

_____

_____

_____

B. Versification et sens

B.1. Identifiez les caractéristiques suivantes et indiquez-en l'effet :

Caractéristiques	Effet/rapport avec le sens du poème
Nombre de syllabes dans chaque vers _____	_____
Type de vers _____	_____
Mode de groupement des vers (structure strophique, etc.) _____	_____

B.2. Rimes

B.2.1. Suite et genre. Indiquez ci-dessous

■   le schéma complet de la suite des rimes (A, B, etc.) et leur genre (m./f.) :

	Suite	Genre
Demain, dès l'aube, à l'heure où blanchit la campagne,	_____	_____
Je partirai. Vois-tu, je sais que tu m'attends.	_____	_____
J'irai par la forêt, j'irai par la montagne.	_____	_____
Je ne puis demeurer loin de toi plus longtemps.	_____	_____
5 Je marcherai les yeux fixés sur mes pensées,	_____	_____
Sans rien voir au dehors, sans entendre aucun bruit,	_____	_____
Seul, inconnu, le dos courbé, les mains croisées,	_____	_____
Triste, et le jour pour moi sera comme la nuit.	_____	_____
Je ne regarderai ni l'or du soir qui tombe,	_____	_____
10 Ni les voiles au loin descendant vers Harfleur,	_____	_____
Et quand j'arriverai, je mettrai sur ta tombe	_____	_____
Un bouquet de houx vert et de bruyère en fleur.	_____	_____

■   le type de rime _____ (embrassée, croisée, plate)

■   l'effet du schéma de la suite des rimes (fermeture, ouverture, unification, progression, accélération, ralentissement, etc.)

_____

_____

B.2.2. Richesse. Complétez le tableau suivant (écrivez les mots et soulignez la rime) :

Vers	Rimes pauvres	Rimes suffisantes	Rimes riches	Observations sur les mots/ idées mis en valeur et les effets créés (contrastes, etc.)
Première strophe				
1				
2				
3				
4				
Deuxième strophe				
5				
6				
7				
8				
Troisième strophe				
9				
10				
11				
12				

Conclusions générales sur la richesse des rimes (nature des éléments mis en valeur, progression, distribution, effet, etc.) :

_____

_____

_____

B.3. Rythme et vers

B.3.1. Dans le texte ci-dessous, indiquez les syllabes (/) :

> Demain, dès l'aube, à l'heure où blanchit la campagne,
> Je partirai. Vois-tu, je sais que tu m'attends.
> J'irai par la forêt, j'irai par la montagne.
> Je ne puis demeurer loin de toi plus longtemps.
>
> 5   Je marcherai les yeux fixés sur mes pensées,
> Sans rien voir au dehors, sans entendre aucun bruit,
> Seul, inconnu, le dos courbé, les mains croisées,
> Triste, et le jour pour moi sera comme la nuit.
>
> Je ne regarderai ni l'or du soir qui tombe,
> 10   Ni les voiles au loin descendant vers Harfleur,
> Et quand j'arriverai, je mettrai sur ta tombe
> Un bouquet de houx vert et de bruyère en fleur.

B.3.2. Coupes. Indiquez les coupes dans le texte (// = césure ; / = autres coupes) :

> Demain, dès l'aube, à l'heure où blanchit la campagne,
> Je partirai. Vois-tu, je sais que tu m'attends.
> J'irai par la forêt, j'irai par la montagne.
> Je ne puis demeurer loin de toi plus longtemps.
>
> 5   Je marcherai les yeux fixés sur mes pensées,
> Sans rien voir au dehors, sans entendre aucun bruit,
> Seul, inconnu, le dos courbé, les mains croisées,
> Triste, et le jour pour moi sera comme la nuit.
>
> Je ne regarderai ni l'or du soir qui tombe,
> 10   Ni les voiles au loin descendant vers Harfleur,
> Et quand j'arriverai, je mettrai sur ta tombe
> Un bouquet de houx vert et de bruyère en fleur.

B.3.3. Structure rythmique du vers. Consultez l'exemplaire du poème où vous avez indiqué les coupes (B.3.2) et complétez le tableau suivant :

Vers	**Rythme du vers** (ex. : 2/4//6, 3/3//4/ 2, 4/4/4)	**Nature** (régulier, irrégulier, équilibré, déséquilibré, ac- célération, ralentissement, progression, répétition, al- ternance, rupture, etc.)	**Idées/thèmes/aspects mis en valeur, effets créés par le rythme** (à indiquer sous forme de notes très brèves)
Premier quatrain			
1			
2			
3			
4			
Ensemble de la strophe			
Deuxième quatrain			
5			
6			
7			
8			
Ensemble de la strophe			
Troisième quatrain			
9			
10			
11			
12			
Ensemble de la strophe			
Ensemble du poème			

B.3.4. Rythme, coupes et sens. Notez ci-dessous toute remarque sur la mise en valeur par les coupes :

Vers n°	Mots mis en valeur par les coupes	Effet, thèmes / idées accentués
——		
——		
——		
——		
——		
——		
——		
——		
——		

B.4. Syntaxe et vers. Indiquez les enjambements (de vers à vers et internes) dans le texte et examinez-en les caractéristiques (quantité, distribution, etc.) et l'effet / le rapport avec le sens :

Enjambements (à souligner ou marquer en couleur)	Caractéristiques / effet
Demain, dès l'aube, à l'heure où blanchit la campagne,	
Je partirai. Vois-tu, je sais que tu m'attends.	
J'irai par la forêt, j'irai par la montagne.	
Je ne puis demeurer loin de toi plus longtemps.	
5 Je marcherai les yeux fixés sur mes pensées,	
Sans rien voir au dehors, sans entendre aucun bruit,	
Seul, inconnu, le dos courbé, les mains croisées,	
Triste, et le jour pour moi sera comme la nuit.	
Je ne regarderai ni l'or du soir qui tombe,	
10 Ni les voiles au loin descendant vers Harfleur,	
Et quand j'arriverai, je mettrai sur ta tombe	
Un bouquet de houx vert et de bruyère en fleur.	

C. Structure

C.1. En vous basant sur votre lecture du texte et sur certaines des observations que vous avez faites lors de votre étude des sections précédentes, divisez le poème en parties et donnez un titre à chacune.

Première partie :

■ du vers ___1___ au vers _____ ; titre _____

Deuxième partie :

■ du vers _____ au vers _____ ; titre _____

Etc. _____

_____

_____

_____

C.2. Rapport entre les divisions observées ci-dessus (mouvements) et la structure strophique du poème (concordance, discordance, etc.). Essayez d'en expliquer la fonction (effet/rapport avec le sens).

Rapport strophes/mouvements	Fonction/effet

III. INTERPRÉTATION/SYNTHÈSE

En vous basant sur les observations que vous avez faites dans les sections précédentes, indiquez sous forme de notes quels sont les rapports entre le fond du poème (à définir) et les éléments de sa forme que vous avez découverts (quelle est leur fonction ?) :

FOND
À votre avis, en quoi consiste-t-il ? (Thème/idée centrale, sens, intérêt, effet sur le lecteur, etc.)

FORME	
Techniques employées par le poète (images, rimes, rythme des vers, rapport syntaxe/mètre, grammaire, structure, etc.) :	Fonction de chaque technique par rapport au fond du poème :

Victor Hugo

Mors[1]

Je vis cette faucheuse. Elle était dans son champ.
Elle allait à grands pas moissonnant et fauchant[2],
Noir squelette laissant passer le crépuscule.
Dans l'ombre où l'on dirait que tout tremble et recule,
5   L'homme suivait des yeux les lueurs de la faulx.[3]
Et les triomphateurs sous les arcs triomphaux
Tombaient ; elle changeait en désert Babylone,
Le trône en échafaud[4] et l'échafaud en trône,
Les roses en fumier[5], les enfants en oiseaux,
10 L'or en cendre, et les yeux des mères en ruisseaux.
Et les femmes criaient : — Rends-nous ce petit être.
Pour le faire mourir, pourquoi l'avoir fait naître ? —
Ce n'était qu'un sanglot sur terre, en haut, en bas ;
Des mains aux doigts osseux sortaient des noirs grabats[6] ;
15 Un vent froid bruissait dans les linceuls sans nombre ;
Les peuples éperdus semblaient sous la faulx sombre
Un troupeau frissonnant qui dans l'ombre s'enfuit ;
Tout était sous ses pieds deuil, épouvante et nuit.
Derrière elle, le front baigné de douces flammes,
20 Un ange souriant portait la gerbe[7] d'âmes.

Les Contemplations, 1856

---

[1] La mort (latin).

[2] *Faucher* : couper. Ce verbe s'applique généralement aux céréales ou à l'herbe.

[3] Outil (instrument) non mécanisé avec lequel on coupe les céréales et l'herbe.

[4] Plate-forme destinée à l'exécution des condamnés, où se trouve la guillotine.

[5] Mélange à base d'excréments d'animaux de ferme (vaches, chevaux, lapins, etc.) et utilisé comme engrais pour fertiliser les champs.

[6] Lit miséreux.

[7] Similaire à un bouquet mais s'applique surtout aux céréales.

Premières impressions. Après une lecture rapide ou deux, indiquez quelles sont vos premières impressions sur le sens/l'effet/l'intérêt général du poème.

_____

_____

_____

_____

I. ÉTUDE DE LA LANGUE, COMPRÉHENSION

A. Lexique. Cherchez les mots suivants dans un dictionnaire français/français :

faucheuse : _____

ruisseau : _____

sanglot : _____

frissonnant : _____

épouvante : _____

B. Relevez les participes présents. En face, écrivez un équivalent qui montre bien que vous en comprenez le sens.

Vers n°	Participe présent	Forme équivalente
____	_____	_____
____	_____	_____
____	_____	_____
____	_____	_____
____	_____	_____

C. Trouvez dans le texte deux expressions qui indiquent une impression :

_____

_____

II. ÉTUDE DÉTAILLÉE DU POÈME

A. Contenu sémantique et thématique

A.1. Références. Relevez dans le texte les mots et expressions qui renvoient à la faucheuse :

_____

_____

_____

_____

A.2. Relevez dans le poème les termes qui ont un rapport avec les thèmes suivants :

Le monde agricole	La mort	La lumière	L'obscurité

A.3. Transformations

A.3.1. Un certain nombre de transformations sont évoquées dans le poème. Relevez-les à l'aide du tableau suivant :

Vers n°	État initial	État final

A.3.2. Observations sur les catégories sémantiques correspondant aux termes relevés dans le tableau ci-dessus (points communs, différences, éléments dominants dans chaque catégorie, exceptions, etc.). Pensez à tenir compte des connotations des mots.

État initial : _____

_____

_____

État final : _____

_____

_____

Conclusion/interprétation : _____

_____

_____

B. Grammaire et sens : les verbes et les temps

B.1. Dans le texte ci-dessous, marquez en couleur les verbes qui indiquent une action (par opposition à la notion de description). À côté, indiquez le temps de chaque verbe et sa valeur (son sens—voir une grammaire) :

Verbes indiquant une action	Temps	Sens du temps
Je vis cette faucheuse. Elle était dans son champ.	_____	_____
Elle allait à grands pas moissonnant et fauchant,	_____	_____
Noir squelette laissant passer le crépuscule.	_____	_____
Dans l'ombre où l'on dirait que tout tremble et recule,	_____	_____
5 L'homme suivait des yeux les lueurs de la faulx.	_____	_____
Et les triomphateurs sous les arcs triomphaux	_____	_____
Tombaient ; elle changeait en désert Babylone,	_____	_____
Le trône en échafaud et l'échafaud en trône,	_____	_____
Les roses en fumier, les enfants en oiseaux,	_____	_____
10 L'or en cendre, et les yeux des mères en ruisseaux.	_____	_____
Et les femmes criaient : — Rends-nous ce petit être.	_____	_____
Pour le faire mourir, pourquoi l'avoir fait naître ? —	_____	_____
Ce n'était qu'un sanglot sur terre, en haut, en bas ;	_____	_____
Des mains aux doigts osseux sortaient des noirs grabats ;	_____	_____
15 Un vent froid bruissait dans les linceuls sans nombre ;	_____	_____
Les peuples éperdus semblaient sous la faulx sombre	_____	_____
Un troupeau frissonnant qui dans l'ombre s'enfuit ;	_____	_____
Tout était sous ses pieds deuil, épouvante et nuit.	_____	_____
Derrière elle, le front baigné de douces flammes,	_____	_____
20 Un ange souriant portait la gerbe d'âmes.	_____	_____

B.2. Dans le tableau précédent, identifiez le temps dominant et essayez d'indiquer quel est son rapport avec le fond du poème :

■   temps dominant _____

■   rapport avec le fond du poème _____

_____

_____

C. Versification et sens

C.1. Déterminez les caractéristiques suivantes du poème et, si possible, indiquez-en l'effet :

Caractéristiques	Effet/rapport avec le sens du poème
Nombre de syllabes dans chaque vers _____	_____
Type de vers _____ _____	_____
Mode de groupement des vers (structure strophique, etc.) _____	_____
Suite des rimes (A, B, etc.) _____	_____
Type de rime (embrassée, etc.) _____	_____

C.2. Rythme et vers

C.2.1. Séparez les syllabes par une barre oblique (/) dans l'extrait ci-dessous :

> Les peuples éperdus semblaient sous la faulx sombre
> Un troupeau frissonnant qui dans l'ombre s'enfuit ;
> Tout était sous ses pieds deuil, épouvante et nuit.
> Derrière elle, le front baigné de douces flammes,
> 20 Un ange souriant portait la gerbe d'âmes.

C.2.2. Coupes. Indiquez les coupes dans le texte (// = césure ; / = autres coupes) :

> Je vis cette faucheuse. Elle était dans son champ.
> Elle allait à grands pas moissonnant et fauchant,
> Noir squelette laissant passer le crépuscule.
> Dans l'ombre où l'on dirait que tout tremble et recule,
> 5 L'homme suivait des yeux les lueurs de la faulx.
> Et les triomphateurs sous les arcs triomphaux

> Tombaient ; elle changeait en désert Babylone,
>
> Le trône en échafaud et l'échafaud en trône,
>
> Les roses en fumier, les enfants en oiseaux,
>
> 10   L'or en cendre, et les yeux des mères en ruisseaux.
>
> Et les femmes criaient : — Rends-nous ce petit être.
>
> Pour le faire mourir, pourquoi l'avoir fait naître ? —
>
> Ce n'était qu'un sanglot sur terre, en haut, en bas ;
>
> Des mains aux doigts osseux sortaient des noirs grabats ;
>
> 15   Un vent froid bruissait dans les linceuls sans nombre ;
>
> Les peuples éperdus semblaient sous la faulx sombre
>
> Un troupeau frissonnant qui dans l'ombre s'enfuit ;
>
> Tout était sous ses pieds deuil, épouvante et nuit.
>
> Derrière elle, le front baigné de douces flammes,
>
> 20   Un ange souriant portait la gerbe d'âmes.

C.2.3. Structure rythmique du vers. Consultez l'exemplaire du poème où vous avez indiqué les coupes (C.2.2) et complétez le tableau suivant :

Vers	Rythme du vers (ex. : 2/4//6, 3/3//4/ 2, 4/4/4)	Nature (régulier, irrégulier, équilibré, déséquilibré, accélération, ralentissement, progression, répétition, alternance, rupture, etc.)	Idées/thèmes/aspects mis en valeur, effets créés par le rythme (à indiquer sous forme de notes très brèves)
1			
2			
3			
4			
5			
6			
7			
8			
9			
10			

Vers	Rythme du vers (ex. : 2/4//6, 3/3//4/ 2, 4/4/4)	Nature (régulier, irrégulier, équilibré, déséquilibré, ac- célération, ralentissement, progression, répétition, al- ternance, rupture, etc.)	Idées/thèmes/aspects mis en valeur, effets créés par le rythme (à indiquer sous forme de notes très brèves)
11			
12			
13			
14			
15.			
16			
17			
18			
19			
20			

Conclusions générales sur la nature et l'effet du rythme des vers dans l'ensemble du poème :

_____

_____

_____

_____

_____

C.3. Syntaxe et vers. Dans le texte ci-dessous, indiquez les enjambements (de vers à vers et internes) et examinez-en les caractéristiques (quantité, distribution, etc.) et l'effet/le rapport avec le sens :

Enjambements (à souligner ou marquer en couleur)	Caractéristiques/effet
Je vis cette faucheuse. Elle était dans son champ.	_____

Enjambements (à souligner ou marquer en couleur)	Caractéristiques/effet
Elle allait à grands pas moissonnant et fauchant,	
Noir squelette laissant passer le crépuscule.	
Dans l'ombre où l'on dirait que tout tremble et recule,	
5 L'homme suivait des yeux les lueurs de la faulx.	
Et les triomphateurs sous les arcs triomphaux	
Tombaient ; elle changeait en désert Babylone,	
Le trône en échafaud et l'échafaud en trône,	
Les roses en fumier, les enfants en oiseaux,	
10 L'or en cendre, et les yeux des mères en ruisseaux.	
Et les femmes criaient : — Rends-nous ce petit être.	
Pour le faire mourir, pourquoi l'avoir fait naître ? —	
Ce n'était qu'un sanglot sur terre, en haut, en bas ;	
Des mains aux doigts osseux sortaient des noirs grabats ;	
15 Un vent froid bruissait dans les linceuls sans nombre ;	
Les peuples éperdus semblaient sous la faulx sombre	
Un troupeau frissonnant qui dans l'ombre s'enfuit ;	
Tout était sous ses pieds deuil, épouvante et nuit.	
Derrière elle, le front baigné de douces flammes,	
20 Un ange souriant portait la gerbe d'âmes.	

D. Sonorités

D.1. Marquez dans le texte ci-dessous les principaux réseaux de sonorités (répétitions d'un même son, ensembles de sons similaires) que vous trouverez. Ensuite, décrivez les sons dans la colonne de droite :

Sonorités (à marquer en couleur dans le texte—une couleur différente pour chaque son ou ensemble)	Nature des sons (allitérations, assonances, plosives, liquides, sifflantes, onomatopées, etc.)
Je vis cette faucheuse. Elle était dans son champ.	
Elle allait à grands pas moissonnant et fauchant,	
Noir squelette laissant passer le crépuscule.	
Dans l'ombre où l'on dirait que tout tremble et recule,	
5 L'homme suivait des yeux les lueurs de la faulx.	
Et les triomphateurs sous les arcs triomphaux	
Tombaient ; elle changeait en désert Babylone,	

Sonorités (à marquer en couleur dans le texte—une couleur différente pour chaque son ou ensemble)	**Nature des sons** (allitérations, assonances, plosives, liquides, sifflantes, onomatopées, etc.)
Le trône en échafaud et l'échafaud en trône,	_____
Les roses en fumier, les enfants en oiseaux,	_____
10 L'or en cendre, et les yeux des mères en ruisseaux.	_____
Et les femmes criaient : — Rends-nous ce petit être.	_____
Pour le faire mourir, pourquoi l'avoir fait naître ? —	_____
Ce n'était qu'un sanglot sur terre, en haut, en bas ;	_____
Des mains aux doigts osseux sortaient des noirs grabats ;	_____
15 Un vent froid bruissait dans les linceuls sans nombre ;	_____
Les peuples éperdus semblaient sous la faulx sombre	_____
Un troupeau frissonnant qui dans l'ombre s'enfuit ;	_____
Tout était sous ses pieds deuil, épouvante et nuit.	_____
Derrière elle, le front baigné de douces flammes,	_____
20 Un ange souriant portait la gerbe d'âmes.	_____

D.2. Remarques sur l'effet/la fonction des sonorités identifiées ci-dessus :

_____

_____

_____

_____

_____

_____

E. Structure

E.1. En vous basant sur votre lecture du texte et sur certaines des observations que vous avez faites lors de votre étude des sections précédentes, divisez le poème en parties et donnez un titre à chacune :

Première partie :

■ du vers ___1___ au vers _____ ; titre _____

Deuxième partie :

■ du vers _____ au vers _____ ; titre _____

Etc. _____

_____

_____

_____

_____

E.2. Remarques générales sur le rapport entre la structure et le fond du poème (sens/effet) :

_____

_____

_____

_____

_____

_____

_____

_____

_____

_____

III. INTERPRÉTATION/SYNTHÈSE

En vous basant sur les observations que vous avez faites dans les sections précédentes, indiquez sous forme de notes quels sont les rapports entre le fond du poème (à définir) et les éléments de sa forme que vous avez découverts (quelle est leur fonction ?) :

FOND
À votre avis, en quoi consiste-t-il ? (Thème/idée centrale, sens, intérêt, effet sur le lecteur, etc.)
_____
_____
_____

FORME	
Techniques employées par le poète (images, rimes, rythme des vers, rapport syntaxe/mètre, grammaire, structure, etc.) :	Fonction de chaque technique par rapport au fond du poème :

Théophile Gautier

(1811–1872)

L'Art

Oui, l'œuvre sort plus belle
D'une forme au travail
   Rebelle,
Vers, marbre, onyx, émail[1].

5   Point de contraintes fausses !
Mais que pour marcher droit
   Tu chausses,
Muse, un cothurne[2] étroit.

Fi du rythme commode,
10 Comme un soulier trop grand,
   Du mode
Que tout pied quitte et prend !

Statuaire, repousse
L'argile[3] que pétrit
15   Le pouce,
Quand flotte ailleurs l'esprit ;

Lutte avec le carrare[4],
Avec le paros[5] dur
   Et rare,
20 Gardiens du contour pur ;

---

[1] Vernis solidifié rendu inaltérable par la chaleur.

[2] Chaussure montante portée par les acteurs dans les drames antiques.

[3] Terre rouge utilisée par les potiers.

[4] Marbre d'Italie.

[5] Marbre de Grèce.

Emprunte à Syracuse
Son bronze[6] où fermement
      S'accuse
Le trait fier et charmant ;

25   D'une main délicate
Poursuis dans un filon
      D'agate
Le profil d'Apollon.

Peintre, fuis l'aquarelle
30   Et fixe la couleur
      Trop frêle
Au four de l'émailleur.

Fais les Sirènes bleues,
Tordant de cent façons
35   Leurs queues,
Les monstres des blasons ;

Dans son nimbe trilobe
La Vierge et son Jésus,
      Le globe
40   Avec la croix dessus.

Tout passe. — L'art robuste
Seul a l'éternité ;
      Le buste
Survit à la cité.

45   Et la médaille austère
Que trouve un laboureur
      Sous terre
Révèle un empereur.

Les dieux eux-mêmes meurent,
50   Mais les vers souverains
      Demeurent
Plus forts que les airains[7].

---

[6] Métal très dur. Alliage de cuivre et d'étain.

[7] Variété spéciale de bronze qui contient aussi du zinc et du plomb.

> Sculpte, lime, cisèle ;
> Que ton rêve flottant
> 55   Se scelle
> Dans le bloc résistant !

Émaux et Camées, 1858 (première publication dans l'*Artiste,* 1857)

Premières impressions. Après une lecture rapide ou deux, indiquez quelles sont vos premières impressions sur le sens/l'effet/l'intérêt général du poème.

_____

_____

_____

_____

I. ÉTUDE DE LA LANGUE, COMPRÉHENSION

A. Lexique. Cherchez les mots suivants dans un dictionnaire français/français :

fi : _____

commode : _____

limer : _____

sceller : _____

B. Références et compréhension. Donnez les renseignements demandés (les mots concernés sont en italique dans le texte) :

> Oui, l'œuvre sort plus belle
> D'une forme au travail
>   ***Rebelle,***
> Vers, marbre, onyx, émail.
>
> 5 Point de contraintes fausses !
> Mais que pour marcher droit
>   ***Tu*** chausses,
> Muse, un cothurne étroit.
>
> ....

Rebelle modifie _____

Tu = _____

Statuaire, **repousse**
L'argile que **pétrit**
15   Le pouce,
Quand **flotte** ailleurs l'esprit ;

Lutte avec le carrare,
Avec le paros dur
        Et rare,
20 **Gardiens** du contour pur ;

Emprunte à Syracuse
Son bronze où fermement
        S'accuse
Le trait fier et charmant ;

....

Peintre, **fuis** l'aquarelle
30 Et fixe la couleur
        Trop frêle
Au four de l'émailleur.

....

45 Et la médaille austère
Que trouve un laboureur
        Sous terre
Révèle un empereur.

....

Sculpte, lime, cisèle ;
Que **ton** rêve flottant
        Se scelle
55 Dans le bloc résistant !

Sujet de *repousse* : _____

Sujet de *pétrit* : _____

Sujet de *flotte* : _____

Sujet de *Lutte* : _____

Gardiens = _____

Sujet de *Emprunte* : _____

Sujet de *S'accuse* : _____

Sujet de *fuis* : _____

Sujet de *Révèle* : _____

ton : le *rêve flottant* de _____

C. Grammaire : les verbes et les temps. Indiquez l'infinitif, le temps et la valeur du temps des verbes en italique (voir une grammaire si nécessaire) :

	Infinitif	Temps	Valeur (sens du temps)
5 Point de contraintes fausses ! Mais que pour marcher droit Tu **chausses**, Muse, un cothurne étroit. .... Statuaire, **repousse** L'argile que pétrit	_____ _____ _____ _____	_____ _____ _____ _____	_____ _____ _____ _____

	Infinitif	Temps	Valeur (sens du temps)
15 Le pouce, Quand flotte ailleurs l'esprit ;	___	___	___
Lutte avec le carrare, Avec le paros dur Et rare, 20 Gardiens du contour pur ;	___	___	___
Emprunte à Syracuse Son bronze où fermement *S'accuse* Le trait fier et charmant ;	___	___	___
Peintre, *fuis* l'aquarelle 30 Et fixe la couleur Trop frêle Au four de l'émailleur.	___	___	___
Sculpte, lime, cisèle ; Que ton rêve flottant 55 *Se scelle* Dans le bloc résistant !	___	___	___

II. ÉTUDE DÉTAILLÉE DU POÈME

A. Contenu sémantique et thématique

A.1. Relevez dans le poème les termes qui ont un rapport avec les thèmes suivants :

La poésie	La peinture	La sculpture	Les objets d'art et l'inspiration de l'artiste
			(Continuez à la page suivante)

La poésie	La peinture	La sculpture	Les objets d'art et l'inspiration de l'artiste

A.2. Relevez dans le poème les termes qui ont un rapport avec les thèmes suivants :

La facilité	La difficulté

A.3. Relevez le vocabulaire qui évoque l'antiquité :

_____

_____

_____

_____

_____

_____

A.4. Images (vous pouvez faire la section A.4.2 à la page suivante avant de faire la section A.4.1 ci-dessous).

A.4.1. Relevez les

comparaisons	personnifications	symboles

A.4.2. Soulignez les métaphores dans le texte :

Oui, l'œuvre sort plus belle
D'une forme au travail
    Rebelle,
Vers, marbre, onyx, émail.

5 Point de contraintes fausses !
Mais que pour marcher droit
    Tu chausses,
Muse, un cothurne étroit.

Fi du rythme commode,
10 Comme un soulier trop grand,
    Du mode
Que tout pied quitte et prend !

Statuaire, repousse
L'argile que pétrit
15   Le pouce,
Quand flotte ailleurs l'esprit ;

Lutte avec le carrare,
Avec le paros dur
    Et rare,
20 Gardiens du contour pur ;

Emprunte à Syracuse
Son bronze où fermement
    S'accuse
Le trait fier et charmant ;

25 D'une main délicate
Poursuis dans un filon
    D'agate
Le profil d'Apollon.

Peintre, fuis l'aquarelle
30 Et fixe la couleur
    Trop frêle
Au four de l'émailleur.

Fais les Sirènes bleues,
Tordant de cent façons
35   Leurs queues,
Les monstres des blasons ;

Dans son nimbe trilobe
La Vierge et son Jésus,
    Le globe
40 Avec la croix dessus.

Tout passe. — L'art robuste
Seul a l'éternité ;
    Le buste
Survit à la cité.

45 Et la médaille austère
Que trouve un laboureur
    Sous terre
Révèle un empereur.

Les dieux eux-mêmes meurent,
50 Mais les vers souverains
    Demeurent
Plus forts que les airains.

Sculpte, lime, cisèle;
Que ton rêve flottant
55   Se scelle
Dans le bloc résistant !

B. Versification et sens

B.1. Déterminez les caractéristiques suivantes du poème de Gautier et, si possible, indiquez-en l'effet :

Caractéristiques	Effet/rapport avec le sens du poème
Nombre de syllabes dans chaque vers _____	_____
Type de vers _____	_____
_____	_____
_____	_____
Mode de groupement des vers (structure strophique, etc.) _____	_____
_____	_____
_____	_____
_____	_____

B.2. Rimes

B.2.1. Indiquez le schéma de la suite des rimes (A, B, C, etc.) et leur richesse (P, S, R). Relevez aussi les mots mis en rapport d'identité et d'opposition à la rime (attention : il est possible que certains mots ne soient pas mis en rapport d'identité ni d'opposition) :

	Suite	Richesse	Rapports d'identité (relevez les mots)	Rapports d'opposition (relevez les mots)
Oui, l'œuvre sort plus belle	___	___	_____	_____
D'une forme au travail	___	___	_____	_____
Rebelle,	___	___	_____	_____
Vers, marbre, onyx, émail.	___	___	_____	_____
5　Point de contraintes fausses !	___	___	_____	_____
Mais que pour marcher droit	___	___	_____	_____
Tu chausses,	___	___	_____	_____
Muse, un cothurne étroit.	___	___	_____	_____
Fi du rythme commode,	___	___	_____	_____

	Suite	Richesse	Rapports d'identité (relevez les mots)	Rapports d'opposition (relevez les mots)
10 Comme un soulier trop grand,	___	___	_____	_____
Du mode	___	___	_____	_____
Que tout pied quitte et prend !	___	___	_____	_____
Statuaire, repousse	___	___	_____	_____
L'argile que pétrit	___	___	_____	_____
15 Le pouce,	___	___	_____	_____
Quand flotte ailleurs l'esprit ;	___	___	_____	_____
Lutte avec le carrare,	___	___	_____	_____
Avec le paros dur	___	___	_____	_____
Et rare,	___	___	_____	_____
20 Gardiens du contour pur ;	___	___	_____	_____
Emprunte à Syracuse	___	___	_____	_____
Son bronze où fermement	___	___	_____	_____
S'accuse	___	___	_____	_____
Le trait fier et charmant ;	___	___	_____	_____
25 D'une main délicate	___	___	_____	_____
Poursuis dans un filon	___	___	_____	_____
D'agate	___	___	_____	_____
Le profil d'Apollon.	___	___	_____	_____
Peintre, fuis l'aquarelle	___	___	_____	_____
30 Et fixe la couleur	___	___	_____	_____
Trop frêle	___	___	_____	_____
Au four de l'émailleur.	___	___	_____	_____
Fais les Sirènes bleues,	___	___	_____	_____
Tordant de cent façons	___	___	_____	_____
35 Leurs queues,	___	___	_____	_____
Les monstres des blasons ;	___	___	_____	_____

	Suite	Richesse	Rapports d'identité (relevez les mots)	Rapports d'opposition (relevez les mots)
Dans son nimbe trilobe	—	—		
La Vierge et son Jésus,	—	—		
Le globe	—	—		
40 Avec la croix dessus.	—	—		
Tout passe. — L'art robuste	—	—		
Seul a l'éternité ;	—	—		
Le buste	—	—		
Survit à la cité.	—	—		
45 Et la médaille austère	—	—		
Que trouve un laboureur	—	—		
Sous terre	—	—		
Révèle un empereur.	—	—		
Les dieux eux-mêmes meurent,	—	—		
50 Mais les vers souverains	—	—		
Demeurent	—	—		
Plus forts que les airains.	—	—		
Sculpte, lime, cisèle ;	—	—		
Que ton rêve flottant	—	—		
55 Se scelle	—	—		
Dans le bloc résistant !	—	—		

B.2.2. Remarques générales sur l'emploi des rimes dans le poème :

_____

_____

_____

_____

B.3. Rythme et vers. Dans l'extrait du poème ci-dessous, séparez les syllabes d'une barre oblique (/). Marquez aussi les coupes d'une barre oblique d'une couleur différente. Ensuite, remplissez les autres colonnes.

Syllabes et coupes	Rythme (ex. : 4/2// 2/4)	Nature (régulier, équilibré, accélération, rupture, etc.)	Idées/thèmes/aspects mis en valeur (à indiquer sous forme de notes très brèves)
Oui, l'œuvre sort plus belle	_____	_____	_____
D'une forme au travail	_____	_____	_____
Rebelle,	_____	_____	_____
Vers, marbre, onyx, émail.	_____	_____	_____
5 Point de contraintes fausses !	_____	_____	_____
Mais que pour marcher droit	_____	_____	_____
Tu chausses,	_____	_____	_____
Muse, un cothurne étroit.	_____	_____	_____
Fi du rythme commode,	_____	_____	_____
10 Comme un soulier trop grand,	_____	_____	_____
Du mode	_____	_____	_____
Que tout pied quitte et prend !	_____	_____	_____
Statuaire, repousse	_____	_____	_____
L'argile que pétrit	_____	_____	_____
15 Le pouce,	_____	_____	_____
Quand flotte ailleurs l'esprit ;	_____	_____	_____
Lutte avec le carrare,	_____	_____	_____
Avec le paros dur	_____	_____	_____
Et rare,	_____	_____	_____
20 Gardiens du contour pur ;	_____	_____	_____

B.4. Syntaxe et vers

B.4.1. Dans l'extrait ci-dessous, marquez en couleur les unités grammaticales qui ne correspondent pas à la structure du vers. Ensuite, numérotez les différents cas de discordance entre syntaxe et vers et indiquez la fonction grammaticale des éléments rejetés au(x) vers suivant(s) :

Discordances vers/syntaxe	Discordance n°	Nature et fonction grammaticales de l'élément rejeté (ex. : *nom, sujet du verbe qui se trouve dans le vers précédent ; adjectif, modifie... ; nom, complément d'objet direct de ... ; préposition + nom, complément circonstanciel de temps de ...,* etc.)
Oui, l'œuvre sort plus belle	___	_____
D'une forme au travail	___	_____
Rebelle,	___	_____
Vers, marbre, onyx, émail.	___	_____
	___	_____
5 Point de contraintes fausses !	___	_____
Mais que pour marcher droit	___	_____
Tu chausses,	___	_____
Muse, un cothurne étroit.	___	_____
	___	_____
Fi du rythme commode,	___	_____
10 Comme un soulier trop grand,	___	_____
Du mode	___	_____
Que tout pied quitte et prend !	___	_____
	___	_____
Statuaire, repousse	___	_____
L'argile que pétrit	___	_____
15 Le pouce,	___	_____
Quand flotte ailleurs l'esprit ;	___	_____
	___	_____
Lutte avec le carrare,	___	_____
Avec le paros dur	___	_____
Et rare,	___	_____
20 Gardiens du contour pur ;	___	_____

B.4.2. Indiquez aussi quel est à votre avis l'effet des discordances observées ci-dessus (B.4.1) par rapport au sens/à l'intérêt général du poème :

Discordance n° 1 : _____

(Continuez à la page suivante)

(Syntaxe et vers : suite)

Etc.

_____

_____

_____

_____

_____

_____

_____

_____

_____

C. Sonorités

Marquez en couleur dans le texte ci-dessous les réseaux de sonorités (répétitions d'un même son, ensembles de sons similaires, etc.) que vous trouverez (marquez chaque son d'une manière/couleur différente). En face, notez vos remarques sur leur nature et leur effet/rapport avec le sens :

Sonorités	Nature des sons (allitérations, asso-nances, plosives, li-quides, sifflantes, onomatopées, etc.)	Effet/rapport avec le sens du poème
Oui, l'œuvre sort plus belle	_____	_____
D'une forme au travail	_____	_____
Rebelle,		
Vers, marbre, onyx, émail.	_____	_____
	_____	_____
5 Point de contraintes fausses !	_____	_____
Mais que pour marcher droit	_____	_____
Tu chausses,	_____	_____
Muse, un cothurne étroit.	_____	_____

Sonorités	Nature des sons (allitérations, assonances, plosives, liquides, sifflantes, onomatopées, etc.)	Effet/rapport avec le sens du poème
Fi du rythme commode,		
10 Comme un soulier trop grand,		
Du mode		
Que tout pied quitte et prend !		
Statuaire, repousse		
L'argile que pétrit		
15 Le pouce,		
Quand flotte ailleurs l'esprit ;		
Lutte avec le carrare,		
Avec le paros dur		
Et rare,		
20 Gardiens du contour pur ;		
Emprunte à Syracuse		
Son bronze où fermement		
S'accuse		
Le trait fier et charmant ;		
25 D'une main délicate		
Poursuis dans un filon		
D'agate		
Le profil d'Apollon.		
Peintre, fuis l'aquarelle		
30 Et fixe la couleur		
Trop frêle		
Au four de l'émailleur.		
Fais les Sirènes bleues,		
Tordant de cent façons		

Sonorités	Nature des sons (allitérations, assonances, plosives, liquides, sifflantes, onomatopées, etc.)	Effet/rapport avec le sens du poème
35 Leurs queues,	_____	_____
Les monstres des blasons ;	_____	_____
Dans son nimbe trilobe	_____	_____
La Vierge et son Jésus,	_____	_____
Le globe	_____	_____
40 Avec la croix dessus.	_____	_____
Tout passe. — L'art robuste	_____	_____
Seul a l'éternité ;	_____	_____
Le buste	_____	_____
Survit à la cité.	_____	_____
45 Et la médaille austère	_____	_____
Que trouve un laboureur	_____	_____
Sous terre	_____	_____
Révèle un empereur.	_____	_____
Les dieux eux-mêmes meurent,	_____	_____
50 Mais les vers souverains	_____	_____
Demeurent	_____	_____
Plus forts que les airains.	_____	_____
Sculpte, lime, cisèle ;	_____	_____
Que ton rêve flottant	_____	_____
55 Se scelle	_____	_____
Dans le bloc résistant !	_____	_____

D. Structure

D.1. En vous basant sur votre lecture du texte et sur certaines des observations que vous avez faites lors de votre étude des sections précédentes, divisez le poème en parties et donnez un titre à chacune.

Première partie :

- du vers ___1___ au vers _____ ; titre _____

Deuxième partie :

- du vers _____ au vers _____ ; titre _____

Etc. _____

_____

_____

_____

_____

_____

D.2. Rapport entre les divisions observées ci-dessus (mouvements) et la structure strophique du poème (concordance, discordance, etc.). Essayez d'en expliquer la fonction (effet/rapport avec le sens).

Rapport strophes/mouvements	Fonction/effet

III. INTERPRÉTATION/SYNTHÈSE

En vous basant sur les observations que vous avez faites dans les sections précédentes, indiquez sous forme de notes quels sont les rapports entre le fond du poème (à définir) et les éléments de sa forme que vous avez découverts (quelle est leur fonction ?) :

FOND
À votre avis, en quoi consiste-t-il ? (Thème/idée centrale, sens, intérêt, effet sur le lecteur, etc.)

FORME	
Techniques employées par le poète (images, rimes, rythme des vers, rapport syntaxe/mètre, grammaire, structure, etc.) :	Fonction de chaque technique par rapport au fond du poème :

Leconte de Lisle

(1818–1894)

Le Rêve du jaguar

Sous les noirs acajous¹, les lianes en fleur,
Dans l'air lourd, immobile et saturé de mouches,
Pendent, et, s'enroulant en bas parmi les souches,
Bercent le perroquet splendide et querelleur,
5 L'araignée au dos jaune et les singes farouches.
C'est là que le tueur de bœufs et de chevaux,
Le long des vieux troncs morts à l'écorce moussue,
Sinistre et fatigué, revient à pas égaux.
Il va, frottant ses reins musculeux qu'il bossue ;
10 Et, du mufle² béant par la soif alourdi,
Un souffle rauque et bref, d'une brusque secousse,
Trouble les grands lézards, chauds des feux de midi,
Dont la fuite étincelle à travers l'herbe rousse.
En un creux du bois sombre interdit au soleil
15 Il s'affaisse³, allongé sur quelque roche plate ;
D'un large coup de langue il se lustre la patte ;
Il cligne ses yeux d'or hébétés de sommeil ;
Et, dans l'illusion de ses forces inertes,
Faisant mouvoir sa queue et frissonner ses flancs,
20 Il rêve qu'au milieu des plantations vertes,
Il enfonce d'un bond ses ongles ruisselants
Dans la chair des taureaux effarés et beuglants.

Poèmes barbares, 1862

---

¹ Arbre des forêts tropicales.

² Extrémité antérieure de la face de certains animaux (bœuf, chien, jaguar, etc.).

³ Antonyme de *se relever, se redresser*.

Premières impressions. Après une lecture rapide ou deux, indiquez quelles sont vos premières impressions sur le sens/l'effet/l'intérêt général du poème.

_____

_____

_____

_____

I. ÉTUDE DE LA LANGUE, COMPRÉHENSION

A. Lexique

A.1. Cherchez les mots suivants dans un dictionnaire français/français :

bossuer : _____

béant : _____

étinceler : _____

cligner : _____

frissonner : _____

A.2. Cherchez le mot suivant dans un dictionnaire bilingue :

acajou : _____

A.3. Relevez tous les termes relatifs aux catégories suivantes :

Animaux	Plantes

B. Références et compréhension. Donnez les renseignements demandés (les mots concernés sont en italique dans le texte) :

Sous les noirs acajous, les lianes en fleur,
Dans l'air lourd, immobile et saturé de mouches,
Pendent, et, s'enroulant en bas parmi les souches,
Bercent le perroquet splendide et querelleur,
5 L'araignée au dos jaune et les singes farouches.
C'est là que le tueur de bœufs et de chevaux,
Le long des vieux troncs morts à l'écorce moussue,
Sinistre et fatigué, ***revient*** à pas égaux.
Il va, frottant ses reins musculeux qu'il bossue ;
10 Et, du mufle béant par la soif alourdi,
Un souffle rauque et bref, d'une brusque secousse,
Trouble les grands lézards, chauds des feux de midi,
Dont la fuite étincelle à travers l'herbe rousse.
En un creux du bois sombre interdit au soleil
15 ***Il*** s'affaisse, allongé sur quelque roche plate ;
D'un large coup de langue il se lustre la patte ;
Il cligne ses yeux d'or hébétés de sommeil ;
Et, dans l'illusion de ses forces inertes,
Faisant mouvoir sa queue et frissonner ses flancs,
20 Il rêve qu'au milieu des plantations vertes,
Il enfonce d'un bond ses ongles ruisselants
Dans la chair des taureaux effarés et beuglants.

Sujet de *Pendent* : _____

_____

Sujet de *Bercent* : _____

_____

Sinistre modifie _____

Sujet de *revient* : _____

Sujet de *Trouble* : _____

Dont = _____

Il = _____

II. ÉTUDE DÉTAILLÉE DU POÈME

A. Contenu sémantique et thématique

A.1. Narration et description

A.1.1. Relevez les éléments qui indiquent une action et correspondent aux différents moments de la narration :

Verbes	Vers n°		Autres
_____	___	___	_____
_____	___	___	_____
_____	___	___	_____
_____	___	___	_____
_____	___	___	_____
_____	___	___	_____
_____	___	___	_____

A.1.2. Description. Dans le texte ci-dessous, soulignez les adjectifs et les constructions basées sur l'adjectif (ex. : adj. + *de* + nom). Ensuite, marquez à l'aide d'une couleur différente et relevez dans la colonne de droite les autres éléments adjectivaux (compléments de nom, propositions relatives) :

Adjectifs (à marquer en couleur)	Autres éléments adjectivaux (compléments de nom, propositions relatives)
Sous les noirs acajous, les lianes en fleur,	
Dans l'air lourd, immobile et saturé de mouches,	
Pendent, et, s'enroulant en bas parmi les souches,	
Bercent le perroquet splendide et querelleur,	
5 L'araignée au dos jaune et les singes farouches.	
C'est là que le tueur de bœufs et de chevaux,	
Le long des vieux troncs morts à l'écorce moussue,	
Sinistre et fatigué, revient à pas égaux.	
Il va, frottant ses reins musculeux qu'il bossue ;	
10 Et, du mufle béant par la soif alourdi,	
Un souffle rauque et bref, d'une brusque secousse,	
Trouble les grands lézards, chauds des feux de midi,	
Dont la fuite étincelle à travers l'herbe rousse.	
En un creux du bois sombre interdit au soleil	
15 Il s'affaisse, allongé sur quelque roche plate ;	
D'un large coup de langue il se lustre la patte ;	
Il cligne ses yeux d'or hébétés de sommeil ;	
Et, dans l'illusion de ses forces inertes,	
Faisant mouvoir sa queue et frissonner ses flancs,	
20 Il rêve qu'au milieu des plantations vertes,	
Il enfonce d'un bond ses ongles ruisselants	
Dans la chair des taureaux effarés et beuglants.	

A.1.3. Remarques générales sur la nature du poème de Leconte de Lisle (d'après les renseignements obtenus dans les sections A.1.1 et A.1.2) :

_____

_____

_____

_____

A.2. Images

A.2.1. Relevez les

comparaisons	personnifications	métaphores	symboles

A.2.2. Remarques sur l'emploi des images (quantité, distribution, type d'image, etc.) et l'effet (les effets) qui en résulte(nt) :

Description de l'emploi des images (quantité, etc.)	Effet(s)/conséquence(s)

B. Versification et sens

B.1. Déterminez les caractéristiques suivantes du poème de Leconte de Lisle et indiquez-en l'effet :

Caractéristiques	Effet/rapport avec le sens du poème
Nombre de syllabes dans chaque vers _____	_____
Type de vers _____	_____
Mode de groupement des vers (structure strophique, etc.) _____	_____
_____	_____
_____	_____

B.2. Rimes

B.2.1. Dans le tableau suivant, indiquez le schéma de la suite des rimes (A, B, C, etc.), décrivez-le et notez-en l'effet :

	Suite	Description et effet
Sous les noirs acajous, les lianes en fleur,	__	_____
Dans l'air lourd, immobile et saturé de mouches,	__	_____
Pendent, et, s'enroulant en bas parmi les souches,	__	_____
Bercent le perroquet splendide et querelleur,	__	_____
5 L'araignée au dos jaune et les singes farouches.	__	_____
C'est là que le tueur de bœufs et de chevaux,	__	_____
Le long des vieux troncs morts à l'écorce moussue,	__	_____
Sinistre et fatigué, revient à pas égaux.	__	_____
Il va, frottant ses reins musculeux qu'il bossue ;	__	_____
10 Et, du mufle béant par la soif alourdi,	__	_____
Un souffle rauque et bref, d'une brusque secousse,	__	_____
Trouble les grands lézards, chauds des feux de midi,	__	_____
Dont la fuite étincelle à travers l'herbe rousse.	__	_____
En un creux du bois sombre interdit au soleil	__	_____
15 Il s'affaisse, allongé sur quelque roche plate ;	__	_____
D'un large coup de langue il se lustre la patte ;	__	_____

	Suite	Description et effet
Il cligne ses yeux d'or hébétés de sommeil ;	—	
Et, dans l'illusion de ses forces inertes,	—	
Faisant mouvoir sa queue et frissonner ses flancs,	—	
20 Il rêve qu'au milieu des plantations vertes,	—	
Il enfonce d'un bond ses ongles ruisselants	—	
Dans la chair des taureaux effarés et beuglants.	—	

B.2.2. Conclusions générales sur l'emploi des rimes dans *Le Rêve du jaguar* :

schéma(s) _____

_____

effet _____

_____

_____

_____

B.3. Rythme et vers

B.3.1. Coupes et rythme. Indiquez les coupes dans le texte (// = césure ; / = autres coupes) et complétez le tableau suivant :

Coupes	Rythme (ex. : 4/2 //2/4)	Nature du rythme (régulier, équilibré, accélération, rupture, etc.)
Sous les noirs acajous, les lianes en fleur,	_____	_____
Dans l'air lourd, immobile et saturé de mouches,	_____	_____
Pendent, et, s'enroulant en bas parmi les souches,	_____	_____
Bercent le perroquet splendide et querelleur,	_____	_____
5 L'araignée au dos jaune et les singes farouches.	_____	_____
C'est là que le tueur de bœufs et de chevaux,	_____	_____

Coupes	Rythme (ex. : 4/2 //2/4)	Nature du rythme (régulier, équilibré, accélération, rupture, etc.)
Le long des vieux troncs morts à l'écorce moussue,	_____	_____
Sinistre et fatigué, revient à pas égaux.	_____	_____
Il va, frottant ses reins musculeux qu'il bossue ;	_____	_____
10 Et, du mufle béant par la soif alourdi,	_____	_____
Un souffle rauque et bref, d'une brusque secousse,	_____	_____
Trouble les grands lézards, chauds des feux de midi,	_____	_____
Dont la fuite étincelle à travers l'herbe rousse.	_____	_____
En un creux du bois sombre interdit au soleil	_____	_____
15 Il s'affaisse, allongé sur quelque roche plate ;	_____	_____
D'un large coup de langue il se lustre la patte ;	_____	_____
Il cligne ses yeux d'or hébétés de sommeil ;	_____	_____
Et, dans l'illusion de ses forces inertes,	_____	_____
Faisant mouvoir sa queue et frissonner ses flancs,	_____	_____
20 Il rêve qu'au milieu des plantations vertes,	_____	_____
Il enfonce d'un bond ses ongles ruisselants	_____	_____
Dans la chair des taureaux effarés et beuglants.	_____	_____

B.3.2. Conclusions générales sur la fonction/l'effet du rythme des vers dans *Le Rêve du jaguar* :

_____

_____

_____

_____

_____

_____

_____

B.4. Syntaxe et vers

B.4.1. Enjambements. Dans le tableau ci-dessous, marquez les enjambements (de vers à vers et internes) dans le texte. Ensuite, examinez-en les caractéristiques et l'effet/le rapport avec le sens :

Enjambements (à souligner ou marquer en couleur)	Caractéristiques/effet
Sous les noirs acajous, les lianes en fleur,	
Dans l'air lourd, immobile et saturé de mouches,	
Pendent, et, s'enroulant en bas parmi les souches,	
Bercent le perroquet splendide et querelleur,	
5 L'araignée au dos jaune et les singes farouches.	
C'est là que le tueur de bœufs et de chevaux,	
Le long des vieux troncs morts à l'écorce moussue,	
Sinistre et fatigué, revient à pas égaux.	
Il va, frottant ses reins musculeux qu'il bossue ;	
10 Et, du mufle béant par la soif alourdi,	
Un souffle rauque et bref, d'une brusque secousse,	
Trouble les grands lézards, chauds des feux de midi,	
Dont la fuite étincelle à travers l'herbe rousse.	
En un creux du bois sombre interdit au soleil	
15 Il s'affaisse, allongé sur quelque roche plate ;	
D'un large coup de langue il se lustre la patte ;	
Il cligne ses yeux d'or hébétés de sommeil ;	
Et, dans l'illusion de ses forces inertes,	
Faisant mouvoir sa queue et frissonner ses flancs,	
20 Il rêve qu'au milieu des plantations vertes,	
Il enfonce d'un bond ses ongles ruisselants	
Dans la chair des taureaux effarés et beuglants.	

B.4.2. Nature des phrases. Dans le tableau ci-dessous, numérotez les phrases. Dans la colonne de droite, notez ce qu'à votre avis cette numérotation met en valeur en ce qui concerne leur nature, leur composition et leur rapport avec le vers (remarques descriptives) :

	Phrase n°	Observations
Sous les noirs acajous, les lianes en fleur,	___	___
Dans l'air lourd, immobile et saturé de mouches,	___	___

	Phrase n°	Observations
Pendent, et, s'enroulant en bas parmi les souches,	_____	_____
Bercent le perroquet splendide et querelleur,	_____	_____
5 L'araignée au dos jaune et les singes farouches.	_____	_____
C'est là que le tueur de bœufs et de chevaux,	_____	_____
Le long des vieux troncs morts à l'écorce moussue,	_____	_____
Sinistre et fatigué, revient à pas égaux.	_____	_____
Il va, frottant ses reins musculeux qu'il bossue ;	_____	_____
10 Et, du mufle béant par la soif alourdi,	_____	_____
Un souffle rauque et bref, d'une brusque secousse,	_____	_____
Trouble les grands lézards, chauds des feux de midi,	_____	_____
Dont la fuite étincelle à travers l'herbe rousse.	_____	_____
En un creux du bois sombre interdit au soleil	_____	_____
15 Il s'affaisse, allongé sur quelque roche plate ;	_____	_____
D'un large coup de langue il se lustre la patte ;	_____	_____
Il cligne ses yeux d'or hébétés de sommeil ;	_____	_____
Et, dans l'illusion de ses forces inertes,	_____	_____
Faisant mouvoir sa queue et frissonner ses flancs,	_____	_____
20 Il rêve qu'au milieu des plantations vertes,	_____	_____
Il enfonce d'un bond ses ongles ruisselants	_____	_____
Dans la chair des taureaux effarés et beuglants.	_____	_____

Conclusions générales sur la nature des phrases et leur emploi dans *Le Rêve du jaguar* :

_____

_____

_____

_____

_____

_____

_____

C. Sonorités

C.1. Marquez dans le texte ci-dessous les principaux réseaux de sonorités (répétitions d'un même son, ensembles de sons similaires) que vous trouverez. Ensuite, décrivez les sons dans la colonne de droite :

Sonorités (à marquer en couleur dans le texte—une couleur différente pour chaque son ou ensemble)	Nature des sons (allitérations, assonances, plosives, liquides, sifflantes, etc.)
Sous les noirs acajous, les lianes en fleur,	
Dans l'air lourd, immobile et saturé de mouches,	
Pendent, et, s'enroulant en bas parmi les souches,	
Bercent le perroquet splendide et querelleur,	
5 L'araignée au dos jaune et les singes farouches.	
C'est là que le tueur de bœufs et de chevaux,	
Le long des vieux troncs morts à l'écorce moussue,	
Sinistre et fatigué, revient à pas égaux.	
Il va, frottant ses reins musculeux qu'il bossue ;	
10 Et, du mufle béant par la soif alourdi,	
Un souffle rauque et bref, d'une brusque secousse,	
Trouble les grands lézards, chauds des feux de midi,	
Dont la fuite étincelle à travers l'herbe rousse.	
En un creux du bois sombre interdit au soleil	
15 Il s'affaisse, allongé sur quelque roche plate ;	
D'un large coup de langue il se lustre la patte ;	
Il cligne ses yeux d'or hébétés de sommeil ;	
Et, dans l'illusion de ses forces inertes,	
Faisant mouvoir sa queue et frissonner ses flancs,	
20 Il rêve qu'au milieu des plantations vertes,	
Il enfonce d'un bond ses ongles ruisselants	
Dans la chair des taureaux effarés et beuglants.	

C.2. Remarques sur l'effet/la fonction des sonorités identifiées ci-dessus :

_____

_____

(Continuez à la page suivante)

(Sonorités : suite)

_____

_____

_____

_____

_____

_____

D. Structure

D.1. En vous basant sur votre lecture du texte et sur certaines des observations que vous avez faites lors de votre étude des sections précédentes, divisez le poème en parties et donnez un titre à chacune.

Première partie :

■   du vers ____1____ au vers _____ ; titre _____

Deuxième partie :

■   du vers _____ au vers _____ ; titre _____

Etc. _____

_____

_____

_____

_____

_____

D.2. Remarques générales sur le rapport entre la structure notée ci-dessus et le fond du poème (effet/sens) :

III. INTERPRÉTATION/SYNTHÈSE

En vous basant sur les observations que vous avez faites dans les sections précédentes, indiquez sous forme de notes quels sont les rapports entre le fond du poème (à définir) et les éléments de sa forme que vous avez découverts (quelle est leur fonction ?) :

FOND
À votre avis, en quoi consiste-t-il ? (Thème/idée centrale, sens, intérêt, effet sur le lecteur, etc.)
_____
_____
_____

FORME	
Techniques employées par le poète (images, rimes, rythme des vers, rapport syntaxe/mètre, grammaire, structure, etc.) :	Fonction de chaque technique par rapport au fond du poème :
_____	_____
_____	_____
_____	_____
_____	_____
_____	_____
_____	_____
_____	_____
_____	_____
_____	_____
_____	_____
_____	_____
_____	_____

Charles Baudelaire

(1821–1867)

Correspondances[1]

La Nature est un temple où de vivants piliers
Laissent parfois sortir de confuses paroles ;
L'homme y passe à travers des forêts de symboles
Qui l'observent avec des regards familiers.

5 Comme de longs échos qui de loin se confondent
Dans une ténébreuse et profonde unité,
Vaste comme la nuit et comme la clarté,
Les parfums, les couleurs et les sons se répondent.

Il est[2] des parfums frais comme des chairs d'enfants,
10 Doux comme les hautbois, verts comme les prairies,
— Et d'autres, corrompus, riches et triomphants,

Ayant l'expansion des choses infinies,
Comme l'ambre, le musc, le benjoin et l'encens,
Qui chantent les transports de l'esprit et des sens.

Les Fleurs du mal, 1857

---

[1] Ce terme renvoie à la notion de synesthésie (correspondance entre les sensations appartenant aux divers domaines des sens), ainsi qu'au principe de l'analogie universelle, qui remonte à Platon pour qui la réalité perçue n'est que le reflet d'un absolu spirituel. Pour Baudelaire, la tâche du poète est d'essayer de saisir l'essence de ce monde idéal à travers les symboles que constituent les formes sensibles, d'où l'importance accordée à l'exploration des correspondances sensorielles.

[2] Forme impersonnelle = *il y a.*

> **Premières impressions**. Après une lecture rapide ou deux, indiquez quelles sont vos premières impressions sur le sens/l'effet/l'intérêt général du poème.
>
> _____
>
> _____
>
> _____
>
> _____

I. ÉTUDE DE LA LANGUE, COMPRÉHENSION

A. Lexique. Cherchez les mots suivants dans un dictionnaire bilingue :

ambre : _____

musc : _____

benjoin : _____

hautbois : _____

B. Références et compréhension. Donnez les renseignements demandés (les mots concernés sont en italique dans le texte) :

La Nature est un temple où de vivants piliers
Laissent parfois sortir de confuses paroles ;
L'homme *y* passe à travers des forêts de symboles
Qui l'*observent* avec des regards familiers

5 Comme de longs échos qui de loin se confondent
Dans une ténébreuse et profonde unité,
Vaste comme la nuit et comme la clarté,
Les parfums, les couleurs et les sons se répondent.

Il est des parfums frais comme des chairs d'enfants,
10 *Doux* comme les hautbois, *verts* comme les prairies,
— Et d'*autres*, corrompus, riches et triomphants,

Ayant l'expansion des choses infinies,
Comme l'ambre, le musc, le benjoin et l'encens,
Qui chantent les transports de l'esprit et des sens.

Sujet de *Laissent* : _____

y = _____

Sujet de *observent* : _____

Vaste modifie _____

Doux modifie _____

verts modifie _____

autres = _____

Ayant se rapporte à : _____

Qui = _____

II. ÉTUDE DÉTAILLÉE DU POÈME

A. Contenu sémantique et thématique

A.1. Relevez dans le poème le vocabulaire correspondant aux catégories suivantes :

Vocabulaire appartenant au domaine spirituel et abstrait	Vocabulaire appartenant au domaine concret				
	Domaine sensoriel				Domaine de la nature
	La vue	L'ouïe	L'odorat	Le toucher	
*symbole*s					*forêts*
	Autres mots appartenant au domaine concret				

A.2. Associations

A.2.1. Après avoir consulté dans le tableau ci-dessus (A.1) les résultats de votre recherche, groupez les mots qui appartiennent à des catégories différentes mais sont associés par le texte du poème :

Vers n°	Associations
3	*forêts/symboles*

A.2.2. Conclusions générales sur les associations observées ci-dessus (description, fonction). Rapport avec le sens/l'effet/l'intérêt du poème :

_____

_____

_____

_____

_____

A.3. Images. Relevez les

comparaisons	personnifications	métaphores	symboles

B. Versification et sens

B.1. Déterminez les caractéristiques suivantes de *Correspondances* et, si possible, indiquez-en l'effet :

Caractéristiques	Effet/rapport avec le sens du poème
Nombre de syllabes dans chaque vers _____	_____
Type de vers _____	_____
_____	_____
Mode de groupement des vers (structure strophique, etc.) _____	_____
_____	_____
Type de poème _____	_____

B.2. Rimes

B.2.1. Indiquez le schéma de la suite des rimes (A, B, C, etc.), leur richesse (P, S, R) et leur genre (m./f.). Dans la colonne de droite, décrivez-en les caractéristiques et l'effet/le rapport avec le sens :

	Suite	Richesse	Genre	Caractéristiques/ effet
La Nature est un temple où de vivants piliers	—	—	—	_____
Laissent parfois sortir de confuses paroles ;	—	—	—	_____
L'homme y passe à travers des forêts de symboles	—	—	—	_____
Qui l'observent avec des regards familiers.	—	—	—	_____
5 Comme de longs échos qui de loin se confondent	—	—	—	_____
Dans une ténébreuse et profonde unité,	—	—	—	_____
Vaste comme la nuit et comme la clarté,	—	—	—	_____
Les parfums, les couleurs et les sons se répondent.	—	—	—	_____
Il est des parfums frais comme des chairs d'enfants,	—	—	—	_____
10 Doux comme les hautbois, verts comme les prairies,	—	—	—	_____
— Et d'autres, corrompus, riches et triomphants,	—	—	—	_____
Ayant l'expansion des choses infinies,	—	—	—	_____
Comme l'ambre, le musc, le benjoin et l'encens,	—	—	—	_____
Qui chantent les transports de l'esprit et des sens.	—	—	—	_____

B.2.2. Ci-dessus, marquez en couleur dans le texte les rapports sémantiques importants établis par les rimes. Le cas échéant, employez une couleur différente pour chaque type d'association (ressemblance, opposition). Commentez ces rapports ci-dessous (idée mise en valeur, importance pour le poème, etc.) :

_____

_____

_____

_____

B.3. Rythme et vers

B.3.1. Dans l'extrait suivant, indiquez les syllabes en les séparant par une barre oblique (/) :

> Il est des parfums frais comme des chairs d'enfants,
> 10   Doux comme les hautbois, verts comme les prairies,
> — Et d'autres, corrompus, riches et triomphants,
>
> Ayant l'expansion des choses infinies,
> Comme l'ambre, le musc, le benjoin et l'encens,
> Qui chantent les transports de l'esprit et des sens.

Notez ci-dessous toute remarque que vous pouvez avoir sur la division syllabique des deux tercets de *Correspondances* :

_____

_____

B.3.2. Coupes. Indiquez les coupes dans le texte (// = césure ; / = autres coupes). Notez aussi toute observation que vous ferez sur leur nature (degré d'intensité [faiblesse/force], distribution, etc.) et essayez d'interpréter l'effet des phénomènes identifiés :

Coupes	Nature et effet/rapport avec le sens
La Nature est un temple où de vivants piliers	_____
Laissent parfois sortir de confuses paroles ;	_____
L'homme y passe à travers des forêts de symboles	_____
Qui l'observent avec des regards familiers.	_____
5 Comme de longs échos qui de loin se confondent	_____
Dans une ténébreuse et profonde unité,	_____
Vaste comme la nuit et comme la clarté,	_____
Les parfums, les couleurs et les sons se répondent.	_____
Il est des parfums frais comme des chairs d'enfants,	_____

Coupes	Nature et effet/rapport avec le sens
10 Doux comme les hautbois, verts comme les prairies,	_____
— Et d'autres, corrompus, riches et triomphants,	_____
	_____
Ayant l'expansion des choses infinies,	_____
Comme l'ambre, le musc, le benjoin et l'encens,	_____
Qui chantent les transports de l'esprit et des sens.	_____

B.3.3. Structure rythmique du vers. Consultez l'exemplaire du poème où vous avez indiqué les coupes (B.3.2) et complétez le tableau suivant :

Vers	Rythme du vers (ex. : 2/4//6, 3/3//4/2, 4/4/4)	Nature (régulier, irrégulier, équilibré, déséquilibré, accélération, ralentissement, progression, répétition, alternance, rupture, etc.)	Idées/thèmes/aspects mis en valeur, effets créés par le rythme (à indiquer sous forme de notes très brèves)
Premier quatrain			
1			
2			
3			
4			
Ensemble de la strophe			
Deuxième quatrain			
5			
6			
7			
8			
Ensemble de la strophe			

Vers	Rythme du vers (ex. : 2/4//6, 3/3//4/ 2, 4/4/4)	Nature (régulier, irrégulier, équilibré, déséquilibré, accélération, ralentissement, progression, répétition, alternance, rupture, etc.)	Idées/thèmes/aspects mis en valeur, effets créés par le rythme (à indiquer sous forme de notes très brèves)
Premier tercet			
9			
10			
11			
Ensemble de la strophe			
Deuxième tercet			
12			
13			
14			
Ensemble de la strophe			
Ensemble du poème			

B.3.4. Conclusions générales sur le rythme des vers dans *Correspondances* (Voir les sections B.3.2–B.3.3) :

_____

_____

_____

_____ *(Continuez à la page suivante)*

(Rythme : suite)

B.4. Syntaxe, vers et strophe

B.4.1. Enjambements. Dans le texte où vous avez indiqué les coupes (B.3.2), marquez les enjambements (internes et de vers à vers) en couleur. Ensuite, notez-en ci-dessous les caractéristiques (quantité, distribution, etc.) et l'effet / le rapport avec le sens :

Vers n°	Caractéristiques et effet/rapport avec le sens
—	
—	
—	
—	
—	
—	
—	

B.4.2. Nature des phrases et versification. Suivant le modèle établi en italique ci-dessous (premier vers du poème) indiquez les différentes propositions (propositions indépendantes, propositions principales, propositions subordonnées circonstancielles [adverbiales], propositions subordonnées relatives [adjectivales], propositions subordonnées substantives, etc.) en les séparant par une barre oblique (/) ; sous chaque proposition indiquez sa nature. Dans la colonne de droite, notez s'il y a concordance entre la structure métrique (hémistiche, vers, strophe) du poème et sa structure syntaxique au niveau de **la phrase** et **des propositions grammaticales** :

Propositions grammaticales	Phrase n°	Concordance/discordance entre mètre et syntaxe
La Nature est un temple / où de vivants piliers *Prop. principale / Prop. subordonnée relative*	*1*	*Conc. 1ᵉʳ hém. / principale*

Propositions grammaticales	Phrase n°	Concordance/discordance entre mètre et syntaxe
Laissent parfois sortir de confuses paroles ;		
L'homme y passe à travers des forêts de symboles	—	
Qui l'observent avec des regards familiers.	—	
	—	
5 Comme de longs échos qui de loin se confondent		
Dans une ténébreuse et profonde unité,	—	
Vaste comme la nuit et comme la clarté,	—	
Les parfums, les couleurs et les sons se répondent.	—	
	—	
Il est des parfums frais comme des chairs d'enfants,		
10 Doux comme les hautbois, verts comme les prairies,		
— Et d'autres, corrompus, riches et triomphants,	—	
	—	
Ayant l'expansion des choses infinies,		
Comme l'ambre, le musc, le benjoin et l'encens,	—	
Qui chantent les transports de l'esprit et des sens.	—	
	—	

B.4.3. Consultez vos réponses à la question précédente et notez ci-dessous vos observations sur les éléments mis en évidence. Y a-t-il progression, opposition, parallélisme, répétition, etc. ? Notez aussi l'effet/le rapport avec le sens que les phénomènes identifiés peuvent avoir.

Observations	Effet/rapport avec le sens

C. Structure

C.1. En vous basant sur votre lecture du texte et sur certaines des observations que vous avez faites lors de votre étude des sections précédentes, divisez le poème en parties et donnez un titre à chacune.

Première partie :

■   du vers _____1_____ au vers _____ ; titre _____

Deuxième partie :

■   du vers _____ au vers _____ ; titre _____

Etc. _____

C.2. Rapport entre les divisions observées ci-dessus (mouvements) et la structure strophique du poème (concordance, discordance, etc.). Essayez d'en expliquer la fonction (effet/rapport avec le sens).

Rapport strophes/mouvements	Fonction/effet

III. INTERPRÉTATION/SYNTHÈSE

En vous basant sur les observations que vous avez faites dans les sections précédentes, indiquez sous forme de notes quels sont les rapports entre le fond du poème (à définir) et les éléments de sa forme que vous avez découverts (quelle est leur fonction ?) :

FOND
À votre avis, en quoi consiste-t-il ? (Thème/idée centrale, sens, intérêt, effet sur le lecteur, etc.)
_____
_____
_____

FORME	
Techniques employées par le poète (images, rimes, rythme des vers, rapport syntaxe/mètre, grammaire, structure, etc.) :	Fonction de chaque technique par rapport au fond du poème :
_____	_____
_____	_____
_____	_____
_____	_____
_____	_____
_____	_____
_____	_____
_____	_____
_____	_____
_____	_____
_____	_____

Charles Baudelaire

Harmonie du soir

Voici venir les temps où vibrant sur sa tige
Chaque fleur s'évapore ainsi qu'un encensoir ;
Les sons et les parfums tournent dans l'air du soir ;
Valse mélancolique et langoureux vertige !

5   Chaque fleur s'évapore ainsi qu'un encensoir ;
Le violon frémit comme un cœur qu'on afflige ;
Valse mélancolique et langoureux vertige !
Le ciel est triste et beau comme un grand reposoir.

Le violon frémit comme un cœur qu'on afflige,
10   Un cœur tendre, qui hait le néant vaste et noir !
Le ciel est triste et beau comme un grand reposoir ;
Le soleil s'est noyé dans son sang qui se fige.

Un cœur tendre, qui hait le néant vaste et noir,
Du passé lumineux recueille tout vestige !
15   Le soleil s'est noyé dans son sang qui se fige...
Ton souvenir en moi luit comme un ostensoir !

Les Fleurs du mal, 1857

Premières impressions. Après une lecture rapide ou deux, indiquez quelles sont vos premières impressions sur le sens/l'effet/l'intérêt général du poème.

_____

_____

_____

_____

I. ÉTUDE DE LA LANGUE, COMPRÉHENSION

A. Lexique

A.1. Cherchez les mots suivants dans un dictionnaire bilingue :

encensoir : _____

reposoir : _____

ostensoir : _____

A.2. Cherchez les mots suivants dans un dictionnaire français/français :

encensoir : _____

_____

reposoir : _____

_____

ostensoir : _____

_____

B. Références et compréhension. Donnez les renseignements demandés (les mots concernés sont en italique dans le texte) :

Voici venir les temps où vibrant sur *sa* tige Chaque fleur s'évapore ainsi qu'un encensoir ; Les sons et les parfums tournent dans l'air du soir ; Valse mélancolique et langoureux vertige !	*sa* : la tige de _____
....	
Le violon frémit comme un cœur qu'on afflige, 10 Un cœur tendre, qui *hait* le néant vaste et noir ! Le ciel est triste et beau comme un grand reposoir ; Le soleil s'est noyé dans *son* sang qui se fige.	Infinitif de *hait* : _____ *son* : le sang de _____ Sujet de *recueille* : _____
Un cœur tendre, qui hait le néant vaste et noir, Du passé lumineux *recueille* tout vestige ! 15 Le soleil s'est noyé dans son sang qui se fige... *Ton* souvenir en moi *luit* comme un ostensoir !	*Ton* : le souvenir de _____ Infinitif de *luit* : _____

II. ÉTUDE DÉTAILLÉE DU POÈME

A. Contenu sémantique et thématique

A.1. Relevez dans le texte le vocabulaire correspondant aux catégories sémantiques suivantes :

Vocabulaire relatif au domaine sensoriel ou évoquant des sensations			
La vue	**L'ouïe**	**L'odorat**	**Le toucher**
La religion	**Le domaine affectif**	**La musique**	**Le temps** (éléments temporels)

A.2. Images

A.2.1. Relevez les

comparaisons	personnifications	métaphores	symboles

A.2.2. En vous référant à la section précédente (A.2.1), complétez le tableau ci-dessous. Il s'agit d'identifier les associations de mots qui vous semblent inhabituelles ou inattendues et d'élucider leur emploi :

Associations inhabituelles/ inattendues	Connotations des mots/expressions associés
Exemple (à compléter avant de continuer) : *fleur/s'évapore/ encensoir* ▸ *fleur* ▸ *s'évapore* ▸ *encensoir*	_____ _____ _____ *nature, vie...* _____ _____ _____ _____ _____ _____ _____

Associations inhabituelles/ inattendues	Connotations des mots/expressions associés

A.2.3. Conclusions générales sur les images d'*Harmonie du soir* :

B. Grammaire et sens

B.1. Dans le texte ci-dessous, repérez les verbes et soulignez-les. Dans la colonne centrale, notez-en le temps. Ensuite, après avoir examiné vos résultats, indiquez dans la colonne de droite si ces indications de temps correspondent à un schéma donné (opposition/contraste, répétition, rupture, progression, mouvement circulaire, etc.) :

Verbes (à souligner)	Temps	Schéma
Voici venir les temps où vibrant sur sa tige		
Chaque fleur s'évapore ainsi qu'un encensoir ;		
Les sons et les parfums tournent dans l'air du soir ;		
Valse mélancolique et langoureux vertige !		
5 Chaque fleur s'évapore ainsi qu'un encensoir ;		
Le violon frémit comme un cœur qu'on afflige ;		
Valse mélancolique et langoureux vertige !		
Le ciel est triste et beau comme un grand reposoir.		
Le violon frémit comme un cœur qu'on afflige,		
10 Un cœur tendre, qui hait le néant vaste et noir !		
Le ciel est triste et beau comme un grand reposoir ;		
Le soleil s'est noyé dans son sang qui se fige.		
Un cœur tendre, qui hait le néant vaste et noir,		
Du passé lumineux recueille tout vestige !		
15 Le soleil s'est noyé dans son sang qui se fige...		
Ton souvenir en moi luit comme un ostensoir !		

B.2. Conclusions générales sur l'emploi des temps dans *Harmonie du soir* :

_____

_____

_____

_____

C. Versification et sens

Le poème *Harmonie du soir* de Baudelaire est **un pantoum**. C'est une forme poétique que les romantiques ont empruntée à la poésie de langue malaise (Malaka, Sumatra, Bornéo). À l'origine, il s'agit d'une suite de quatrains d'octosyllabes ou de décasyllabes à rimes croisées qui s'enchaînent les uns aux autres par un entrelacement de refrains. Le nombre de strophes (et de rimes) est illimité et le premier vers est repris en fin de poème comme vers de conclusion.

C.1. Déterminez les caractéristiques suivantes d'*Harmonie du soir* et, si possible, indiquez-en l'effet :

Caractéristiques	Effet / rapport avec le sens du poème
Nombre de syllabes dans chaque vers _____ Type de vers _____ _____	_____ _____ _____
Mode de groupement des vers (structure strophique, etc.) _____ Type de poème _____	_____ _____ _____

C.2. Répétitions de vers

C.2.1. Certains vers sont répétés. Y a-t-il un schéma de répétition ? Essayez de répondre à la question en marquant les vers à l'aide des lettres de l'alphabet dans la colonne centrale. Ensuite, décrivez l'arrangement des répétitions de vers dans la colonne de droite.

	Schéma	Description
Voici venir les temps où vibrant sur sa tige	_____	_____
Chaque fleur s'évapore ainsi qu'un encensoir ;	*A*	_____
Les sons et les parfums tournent dans l'air du soir ;	_____	_____
Valse mélancolique et langoureux vertige !	_____	_____
		_____
5 Chaque fleur s'évapore ainsi qu'un encensoir ;	_____	_____
Le violon frémit comme un cœur qu'on afflige ;	_____	_____
Valse mélancolique et langoureux vertige !	_____	_____
Le ciel est triste et beau comme un grand reposoir.	_____	_____

	Schéma	Description
Le violon frémit comme un cœur qu'on afflige,	_____	_____
10 Un cœur tendre, qui hait le néant vaste et noir !	_____	_____
Le ciel est triste et beau comme un grand reposoir ;	_____	_____
Le soleil s'est noyé dans son sang qui se fige.	_____	_____
		_____
Un cœur tendre, qui hait le néant vaste et noir,	_____	_____
Du passé lumineux recueille tout vestige !	_____	_____
15 Le soleil s'est noyé dans son sang qui se fige...	_____	_____
Ton souvenir en moi luit comme un ostensoir !	_____	_____

C.2.2. Conclusions générales sur l'emploi des répétitions de vers dans *Harmonie du soir* (effet/rapport avec le sens) :

_____

_____

_____

_____

_____

_____

C.3. Rimes

C.3.1. Indiquez le schéma de la suite des rimes (A, B, C, etc.) et leur richesse (P, S, R). Dans la colonne de droite, essayez d'en décrire l'organisation et l'effet/le rapport que celle-ci peut avoir avec le sens du poème :

	Suite	Richesse	Caractéristiques et effet
Voici venir les temps où vibrant sur sa tige	__	__	_____
Chaque fleur s'évapore ainsi qu'un encensoir ;	__	__	_____
Les sons et les parfums tournent dans l'air du soir ;	__	__	_____
Valse mélancolique et langoureux vertige !	__	__	_____

	Suite	Richesse	Caractéristiques et effet
5 Chaque fleur s'évapore ainsi qu'un encensoir ; Le violon frémit comme un cœur qu'on afflige ; Valse mélancolique et langoureux vertige ! Le ciel est triste et beau comme un grand reposoir.	— — — —	— — — —	_____ _____ _____ _____
Le violon frémit comme un cœur qu'on afflige, 10 Un cœur tendre, qui hait le néant vaste et noir ! Le ciel est triste et beau comme un grand reposoir ; Le soleil s'est noyé dans son sang qui se fige.	— — — —	— — — —	_____ _____ _____ _____
Un cœur tendre, qui hait le néant vaste et noir, Du passé lumineux recueille tout vestige ! 15 Le soleil s'est noyé dans son sang qui se fige... Ton souvenir en moi luit comme un ostensoir !	— — — —	— — — —	_____ _____ _____ _____

C.3.2. Mise en valeur à la rime

Dans le tableau ci-dessous, relevez tous les mots mis en valeur à la rime dans *Harmonie du soir*. Dans la colonne de droite, afin d'être mieux en mesure de voir si ces mots constituent ou non un schéma donné, inscrivez les connotations qui vous viendront à l'esprit.

Vers n°	Mots apparaissant à la rime	Connotations
1		
2		
3		
4		
5		

Vers n°	Mots apparaissant à la rime	Connotations
6		
7		
8		
9		
10		
11		
12		
13		
14		
15		
16		

Après avoir observé la liste de mots et de connotations que vous avez établie ci-dessus, essayez de déterminer s'il existe une certaine organisation des mots situés à la rime (opposition/contraste, répétitions, rupture, progression, mouvement circulaire, etc.) ?

_____

_____

_____

_____

(Continuez à la page suivante)

(Mise en valeur à la rime : suite)

_____

_____

_____

_____

C.4. Rythme et vers

C.4.1. Coupes et rythme. Complétez le tableau suivant, indiquant les coupes dans le texte (// = césure ; / = autres coupes) et, le cas échéant, les discordances entre le vers et ses divisions et la syntaxe (à marquer en couleur) :

Coupes et discordances vers/syntaxe	Rythme (ex. : 4/2 //2/4)	Nature (régulier, équilibré, accéléra-tion, rupture, etc.)
Voici venir les temps où vibrant sur sa tige	_____	_____
Chaque fleur s'évapore ainsi qu'un encensoir ;	_____	_____
Les sons et les parfums tournent dans l'air du soir ;	_____	_____
Valse mélancolique et langoureux vertige !	_____	_____
		_____
5 Chaque fleur s'évapore ainsi qu'un encensoir ;	_____	_____
Le violon frémit comme un cœur qu'on afflige ;	_____	_____
Valse mélancolique et langoureux vertige !	_____	_____
Le ciel est triste et beau comme un grand reposoir.	_____	_____
		_____
Le violon frémit comme un cœur qu'on afflige,	_____	_____
10 Un cœur tendre, qui hait le néant vaste et noir !	_____	_____
Le ciel est triste et beau comme un grand reposoir ;	_____	_____
Le soleil s'est noyé dans son sang qui se fige.	_____	_____
		_____
Un cœur tendre, qui hait le néant vaste et noir,	_____	_____
Du passé lumineux recueille tout vestige !	_____	_____
15 Le soleil s'est noyé dans son sang qui se fige...	_____	_____
Ton souvenir en moi luit comme un ostensoir !	_____	_____

C.4.2. Conclusions générales sur la fonction/l'effet du rythme des vers dans *Harmonie du soir* :

_____

_____

_____

_____

_____

_____

C.5. Un « faux » pantoum

Dans *Harmonie du soir*, Baudelaire n'a pas tout à fait respecté la forme traditionnelle du pantoum. Relisez la définition de ce dernier qui se trouve au début de la section II.C et essayez de trouver en quoi ce poème en diffère. Examinez aussi l'effet créé par la(les) modification(s) apporté(es).

Modification(s)	Effet/rapport avec le sens du poème
_____	_____
_____	_____
_____	_____
_____	_____
_____	_____
_____	_____
_____	_____

D. Structure

D.1. En vous basant sur votre lecture du texte et sur certaines des observations que vous avez faites lors de votre étude des sections précédentes, divisez le poème en parties et donnez un titre à chacune.

Première partie :

■ du vers ___1___ au vers _____ ; titre _____

Deuxième partie :

■   du vers _____ au vers _____ ; titre _____

Etc. _____

_____

_____

_____

_____

D.2. Rapport entre les divisions observées ci-dessus (mouvements) et la structure strophique du poème (concordance, discordance, etc.). Essayez d'en expliquer la fonction (effet/rapport avec le sens).

Rapport strophes/mouvements	Fonction/effet

III. INTERPRÉTATION/SYNTHÈSE

En vous basant sur les observations que vous avez faites dans les sections précédentes, indiquez sous forme de notes quels sont les rapports entre le fond du poème (à définir) et les éléments de sa forme que vous avez découverts (quelle est leur fonction ?) :

FOND
À votre avis, en quoi consiste-t-il ? (Thème/idée centrale, sens, intérêt, effet sur le lecteur, etc.)
_____
_____
_____

FORME	
Techniques employées par le poète (images, rimes, rythme des vers, rapport syntaxe/mètre, grammaire, structure, etc.) :	Fonction de chaque technique par rapport au fond du poème :
_____	_____
_____	_____
_____	_____
_____	_____
_____	_____
_____	_____
_____	_____
_____	_____
_____	_____
_____	_____
_____	_____
_____	_____

Stéphane Mallarmé

(1842–1898)

Brise marine

La chair est triste, hélas ! et j'ai lu tous les livres.
Fuir ! là-bas fuir ! Je sens que des oiseaux sont ivres
D'être parmi l'écume inconnue et les cieux !
Rien, ni les vieux jardins reflétés par les yeux
5   Ne retiendra ce cœur qui dans la mer se trempe
O nuits ! ni la clarté déserte de ma lampe
Sur le vide papier que la blancheur défend
Et ni la jeune femme allaitant son enfant.
Je partirai ! Steamer balançant ta mâture,
10   Lève l'ancre pour une exotique nature !

Un Ennui, désolé par les cruels espoirs,
Croit encore à l'adieu suprême des mouchoirs !
Et, peut-être, les mâts, invitant les orages
Sont-ils de ceux qu'un vent penche sur les naufrages
15   Perdus, sans mâts, sans mâts, ni fertiles îlots...
Mais, ô mon cœur, entends le chant des matelots !

Parnasse contemporain, 1866

Premières impressions. Après une lecture rapide ou deux, indiquez quelles sont
vos premières impressions sur le sens/l'effet/l'intérêt général du poème.

_____

_____

_____

_____

I. ÉTUDE DE LA LANGUE, COMPRÉHENSION

A. Lexique. Cherchez les mots suivants dans un dictionnaire français/français :

écume : _____

se tremper : _____

naufrage : _____

matelot : _____

B. Références et compréhension. Donnez les renseignements demandés (les mots concernés sont en italique dans le texte) :

La chair est triste, hélas ! et j'ai lu tous les livres.
Fuir ! là-bas fuir ! Je sens que des oiseaux sont ivres
D'être parmi l'écume inconnue et les cieux !
Rien, ni *les vieux jardins* reflétés par les yeux
5 Ne *retiendra* ce cœur qui dans la mer se trempe
O nuits ! ni *la clarté déserte* de ma lampe
Sur le vide papier que la blancheur défend
Et ni *la jeune femme* allaitant son enfant.
Je partirai ! Steamer balançant *ta* mâture,
10 *Lève* l'ancre pour une exotique nature !

Un Ennui, désolé par les cruels espoirs,
Croit encore à l'adieu suprême des mouchoirs !
Et, peut-être, les mâts, invitant les orages
Sont-*ils* de ceux qu'un vent penche sur les naufrages
15 *Perdus*, sans mâts, sans mâts, ni fertiles îlots...
Mais, ô mon cœur, *entends* le chant des matelots !

Sujet de *retiendra* : _____

Fonction grammaticale de

■ *les vieux jardins* : _____

   _____

■ *la clarté déserte* : _____

   _____

■ *la jeune femme* : _____

   _____

ta : la mâture de _____

Sujet de *Croit* : _____

ils = _____

Perdus modifie _____

Lève

■ temps : _____

■ sujet : _____

entends

■ temps : _____

■ sujet : _____

II. ÉTUDE DÉTAILLÉE DU POÈME

A. Contenu sémantique et thématique

A.1. Relevez dans le texte les éléments qui correspondent aux catégories figurant dans les tableaux ci-dessous (attention : il sera nécessaire d'écrire les mêmes mots/expressions/propositions/phrases plusieurs fois s'ils appartiennent à plusieurs catégories).

A.1.1. Mots, expressions, propositions, phrases renvoyant aux domaines

de l'existence matérielle	de l'existence intellectuelle	de l'intuition, de la sensibilité et des sensations	des aspirations

A.1.2. Mots, expressions, propositions, phrases évoquant

le connu		l'inconnu
(éléments à contenu positif)	(éléments à contenu négatif)	

A.1.3. Mots, expressions, propositions, phrases relatifs au thème du voyage et évoquant/exprimant/décrivant aussi

le désir du « moi »	les moments du voyage	l'aboutissement (destination/conclusion)

A.2. Images

A.2.1. Relevez les

comparaisons	personnifications	métaphores	symboles

A.2.2. Consultez le tableau précédent (A.2.1) et notez ci-dessous toutes les associations/juxtapositions de mots/expressions qui vous semblent difficiles à saisir/accepter. En face, faites la liste des connotations que vous pourrez trouver. Vous essayerez d'élucider les images en classe.

Associations inhabituelles/ inattendues	Connotations des mots/expressions associés
1. Association 1 ■ mot 1 : _____ ■ mot 2 : _____ *(voir exemple p. 152)* etc.	_____ _____ _____ _____ _____ _____ _____ _____ _____ _____ _____ _____ _____ *(Continuez à la page suivante)*

(Continuez à la page suivante)

Associations inhabituelles/ inattendues (suite)	Connotations des mots/expressions associés

A.2.3. Conclusions générales sur l'emploi des images dans *Brise marine* :

B. Versification et sens

B.1. Déterminez les caractéristiques suivantes du poème de Mallarmé et, si possible, indiquez-en l'effet :

Caractéristiques	Effet/rapport avec le sens du poème
Nombre de syllabes dans chaque vers _____	_____
Type de vers _____	_____
Mode de groupement des vers (structure strophique,	_____
etc.) _____	_____
_____	_____

B.2. Rimes

B.2.1. Indiquez le schéma de la suite (succession) des rimes (A, B, C, etc.), leur richesse (P, S, R) et leur genre (m./f.) :

	Suite	Richesse	Genre
La chair est triste, hélas ! et j'ai lu tous les livres.	_____	_____	_____
Fuir ! là-bas fuir ! Je sens que des oiseaux sont ivres	_____	_____	_____
D'être parmi l'écume inconnue et les cieux !	_____	_____	_____
Rien, ni les vieux jardins reflétés par les yeux	_____	_____	_____
5 Ne retiendra ce cœur qui dans la mer se trempe	_____	_____	_____
O nuits ! ni la clarté déserte de ma lampe	_____	_____	_____
Sur le vide papier que la blancheur défend	_____	_____	_____
Et ni la jeune femme allaitant son enfant.	_____	_____	_____
Je partirai ! Steamer balançant ta mâture,	_____	_____	_____
10 Lève l'ancre pour une exotique nature !	_____	_____	_____
Un Ennui, désolé par les cruels espoirs,	_____	_____	_____
Croit encore à l'adieu suprême des mouchoirs !	_____	_____	_____
Et, peut-être, les mâts, invitant les orages	_____	_____	_____
Sont-ils de ceux qu'un vent penche sur les naufrages	_____	_____	_____
15 Perdus, sans mâts, sans mâts, ni fertiles îlots...	_____	_____	_____
Mais, ô mon cœur, entends le chant des matelots !	_____	_____	_____

B.2.2. Notez les caractéristiques des rimes (description des schémas, etc.) et essayez d'en expliquer l'effet/le rapport avec le sens du poème :

Caractéristiques	Effet/rapport avec le sens
Suite _____	_____
_____	_____
_____	_____
Richesse _____	_____
_____	_____
_____	_____
Genre _____	_____
_____	_____

B.3. Rythme et vers

B.3.1. Coupes et rythme. Indiquez les coupes dans le texte (// = césure ; / = autres coupes) et complétez le tableau :

Coupes	Rythme (ex. : 4/2 //2/4)	Nature du rythme (régulier, équilibré, accélération, etc.)
La chair est triste, hélas ! et j'ai lu tous les livres.	_____	_____
Fuir ! là-bas fuir ! Je sens que des oiseaux sont ivres	_____	_____
D'être parmi l'écume inconnue et les cieux !	_____	_____
Rien, ni les vieux jardins reflétés par les yeux	_____	_____
5 Ne retiendra ce cœur qui dans la mer se trempe	_____	_____
O nuits ! ni la clarté déserte de ma lampe	_____	_____
Sur le vide papier que la blancheur défend	_____	_____
Et ni la jeune femme allaitant son enfant.	_____	_____
Je partirai ! Steamer balançant ta mâture,	_____	_____
10 Lève l'ancre pour une exotique nature !	_____	_____
		_____
Un Ennui, désolé par les cruels espoirs,		_____
Croit encore à l'adieu suprême des mouchoirs !	_____	_____
Et, peut-être, les mâts, invitant les orages	_____	_____
Sont-ils de ceux qu'un vent penche sur les naufrages	_____	_____
15 Perdus, sans mâts, sans mâts, ni fertiles îlots...	_____	_____
Mais, ô mon cœur, entends le chant des matelots !	_____	_____

B.3.2. Conclusions générales sur la fonction/l'effet du rythme des vers dans *Brise marine* :

_____

_____

_____

_____

_____

_____

B.4. Syntaxe et vers. Dans le texte ci-dessous, indiquez les enjambements (de vers à vers et internes) et examinez-en les caractéristiques (quantité, distribution, etc.) et l'effet/le rapport avec le sens :

Enjambements (à souligner ou marquer en couleur)	Description et effet
La chair est triste, hélas ! et j'ai lu tous les livres.	_____
Fuir ! là-bas fuir ! Je sens que des oiseaux sont ivres	_____
D'être parmi l'écume inconnue et les cieux !	_____
Rien, ni les vieux jardins reflétés par les yeux	_____
5 Ne retiendra ce cœur qui dans la mer se trempe	_____
O nuits ! ni la clarté déserte de ma lampe	_____
Sur le vide papier que la blancheur défend	_____
Et ni la jeune femme allaitant son enfant.	_____
Je partirai ! Steamer balançant ta mâture,	_____
10 Lève l'ancre pour une exotique nature !	_____
	_____
Un Ennui, désolé par les cruels espoirs,	_____
Croit encore à l'adieu suprême des mouchoirs !	_____
Et, peut-être, les mâts, invitant les orages	_____
Sont-ils de ceux qu'un vent penche sur les naufrages	_____
15 Perdus, sans mâts, sans mâts, ni fertiles îlots...	_____
Mais, ô mon cœur, entends le chant des matelots !	_____

C. Structure

C.1. En vous basant sur votre lecture du texte et sur certaines des observations que vous avez faites lors de votre étude des sections précédentes, divisez le poème en parties et donnez un titre à chacune.

Première partie :

■   du vers ____1____ au vers _____ ; titre _____

Deuxième partie :

■   du vers _____ au vers _____ ; titre _____

Etc. _____

_____

_____

_____

_____

_____

C.2. Analysez le rapport entre les divisions observées ci-dessus (mouvements) et les groupements de vers adoptés par le poète (concordance, discordance, etc.). Essayez d'en expliquer la fonction (effet/rapport avec le sens).

Rapport mouvements/groupements de vers	Fonction/effet

III. INTERPRÉTATION/SYNTHÈSE

En vous basant sur les observations que vous avez faites dans les sections précédentes, indiquez sous forme de notes quels sont les rapports entre le fond du poème (à définir) et les éléments de sa forme que vous avez découverts (quelle est leur fonction ?) :

FOND
À votre avis, en quoi consiste-t-il ? (Thème/idée centrale, sens, intérêt, effet sur le lecteur, etc.)
_____
_____
_____

FORME	
Techniques employées par le poète (images, rimes, rythme des vers, rapport syntaxe/mètre, grammaire, structure, etc.) :	Fonction de chaque technique par rapport au fond du poème :

Anna de Noailles

(1876–1933)

L'Empreinte[1]

Je m'appuierai si bien et si fort à la vie,
D'une si rude étreinte et d'un tel serrement,
Qu'avant que la douceur du jour me soit ravie
Elle s'échauffera de mon enlacement.

5   La mer, abondamment sur le monde étalée,
Gardera, dans la route errante de son eau,
Le goût de ma douleur qui est âcre et salée
Et sur les jours mouvants roule comme un bateau.

Je laisserai de moi dans le pli des collines
10 La chaleur de mes yeux qui les ont vu fleurir,
Et la cigale assise aux branches de l'épine
Fera vibrer le cri strident de mon désir.

Dans les champs printaniers la verdure nouvelle,
Et le gazon touffu sur le bord des fossés
15 Sentiront palpiter et fuir comme des ailes
Les ombres de mes mains qui les ont tant pressés.

La nature qui fut ma joie et mon domaine
Respirera dans l'air ma persistante ardeur,
Et sur l'abattement de la tristesse humaine
20 Je laisserai la forme unique de mon cœur...

Le Cœur innombrable, 1957
©Éditions Bernard Grasset

---

[1] Poème publié en 1901.

Premières impressions. Après une lecture rapide ou deux, indiquez quelles sont vos premières impressions sur le sens/l'effet/l'intérêt général du poème.

_____

_____

_____

_____

I. ÉTUDE DE LA LANGUE, COMPRÉHENSION

A. Lexique

A.1. Cherchez les mots suivants dans un dictionnaire français/français :

appuyer : _____

étreinte : _____

âcre : _____

touffu : _____

fossé : _____

A.2. Cherchez le mot suivant dans un dictionnaire bilingue :

cigale : _____

B. Références et compréhension. Donnez les renseignements demandés (les mots concernés sont en italique dans le texte) :

Je m'appuierai si bien et si fort à la vie,
D'une si rude étreinte et d'un tel serrement,
Qu'avant que la douceur du jour me soit ravie
Elle s'échauffera de mon enlacement.

5 La mer, abondamment sur le monde étalée,
Gardera, dans la route errante de son eau,
Le goût de ma douleur qui est âcre et salée
Et sur les jours mouvants *roule* comme un bateau.

Elle = _____

Gardera
- sujet : _____
- objet direct : _____

_____

Sujet de *roule* : _____

_____

Je *laisserai* de moi dans le pli des collines
10 La chaleur de mes yeux qui *les* ont vu *fleurir*,
Et la cigale assise aux branches de l'épine
Fera vibrer le cri strident de mon désir.

Dans les champs printaniers la verdure nouvelle,
Et le gazon touffu sur le bord des fossés
15 *Sentiront palpiter* et fuir comme des ailes
Les ombres de mes mains qui *les* ont tant pressés.
....

Objet direct de *laisserai* : _____

_____

les = _____

Sujet de *fleurir* : _____

Sujet de *Sentiront* : _____

_____

Sujet de *palpiter* : _____

_____

les = _____

II. ÉTUDE DÉTAILLÉE DU POÈME

A. Contenu sémantique et thématique

A.1. Images

A.1.1. Relevez les

métaphores	comparaisons

personnifications	symboles

A.1.2. Repérez les thèmes principaux apparaissant dans vos listes de la section A.1.1 ci-dessus :

_____

_____

A.2. Registres sémantiques

A.2.1. Relevez les expressions/images qui renvoient au domaine sensoriel (attention : il est possible qu'un mot ou une expression apparaisse dans plusieurs catégories) :

La vue	L'ouïe	L'odorat	Le toucher	Le goût

A.2.2. Images et associations. Voici un certain nombre d'associations choisies par Anna de Noailles. En face des termes relevés ci-dessous, établissez la liste des connotations que vous pourrez trouver. Ensuite, indiquez sous forme de notes comment vous pensez pouvoir interpréter chaque association.

Associations	Connotations/interprétation
1. *Le goût de ma douleur* ■ goût ■ douleur Sens/effet possible :	
2. *La chaleur de mes yeux* ■ chaleur ■ yeux Sens/effet possible :	
3. *le cri ... de mon désir* ■ cri ■ désir Sens/effet possible :	
4. *Les ombres de mes mains* ■ ombres ■ mains Sens/effet possible :	

A.2.3. Notez ci-dessous toute observation générale

■   sur la distribution des termes/expressions relevés dans le tableau de la
    section A.2.1 (y compris vos remarques sur l'effet de cette distri-
    bution/son rapport avec le sens du poème) :

_____

_____

_____

_____

_____

_____

■   sur le sens/l'effet des associations étudiées dans la section A.2.2 :

_____

_____

_____

_____

_____

_____

B. Grammaire et sens

B.1. Temps des verbes et syntaxe. En employant une couleur déterminée pour
chaque temps, marquez les verbes dans le poème. En face, indiquez le temps
du verbe et la nature de la proposition grammaticale dans laquelle il apparaît
(proposition indépendante, principale, subordonnée, etc.) :

Verbes	Temps	Propositions
Je m'appuierai si bien et si fort à la vie,	_____	_____

Verbes	Temps	Propositions
D'une si rude étreinte et d'un tel serrement,	_____	_____
Qu'avant que la douceur du jour me soit ravie	_____	_____
Elle s'échauffera de mon enlacement.	_____	_____
5 La mer, abondamment sur le monde étalée,	_____	_____
Gardera, dans la route errante de son eau,	_____	_____
Le goût de ma douleur qui est âcre et salée	_____	_____
Et sur les jours mouvants roule comme un bateau.	_____	_____
Je laisserai de moi dans le pli des collines	_____	_____
10 La chaleur de mes yeux qui les ont vu fleurir,	_____	_____
Et la cigale assise aux branches de l'épine	_____	_____
Fera vibrer le cri strident de mon désir.	_____	_____
Dans les champs printaniers la verdure nouvelle,	_____	_____
Et le gazon touffu sur le bord des fossés	_____	_____
15 Sentiront palpiter et fuir comme des ailes	_____	_____
Les ombres de mes mains qui les ont tant pressés.	_____	_____
La nature qui fut ma joie et mon domaine	_____	_____
Respirera dans l'air ma persistante ardeur,	_____	_____
Et sur l'abattement de la tristesse humaine	_____	_____
20 Je laisserai la forme unique de mon cœur...	_____	_____

B.2. Consultez vos résultats (tableau B.1) et cherchez à voir (1) s'il y a des rapports de ressemblance et d'opposition entre les éléments observés et (2) quel peut être le rapport entre ces éléments et le sens/le thème central du poème :

thème central _____

(tel que vous le ressentez au moment présent de votre étude)

rapports de ressemblance et d'opposition _____

_____

_____ *(Continuez à la page suivante)*

(Grammaire et sens : suite)

_____

_____

_____

_____

_____

_____

C. Versification et sens

C.1. Déterminez les caractéristiques suivantes du poème d'Anna de Noailles et indiquez-en l'effet :

Caractéristiques	Effet/rapport avec le sens du poème
Nombre de syllabes dans chaque vers _____	_____
Type de vers _____	_____
Mode de groupement des vers (structure strophique, etc.) _____	_____ _____
_____	_____

C.2. Rimes

C.2.1. Indiquez le schéma de la suite des rimes (A, B, C, etc.) et leur richesse (P, S, R). Relevez aussi les mots mis en rapport d'identité et d'opposition à la rime (attention : il est possible que certains mots ne soient pas mis en rapport d'identité ni d'opposition) :

	Suite	Richesse	Rapports d'identité (relevez les mots)	Rapports d'opposition (relevez les mots)
Je m'appuierai si bien et si fort à la vie,	__	__	_____	_____
D'une si rude étreinte et d'un tel serrement,	__	__	_____	_____

	Suite	Richesse	Rapports d'identité (relevez les mots)	Rapports d'opposition (relevez les mots)
Qu'avant que la douceur du jour me soit ravie	___	___	_____	_____
Elle s'échauffera de mon enlacement.	___	___	_____	_____
5 La mer, abondamment sur le monde étalée,	___	___	_____	_____
Gardera, dans la route errante de son eau,	___	___	_____	_____
Le goût de ma douleur qui est âcre et salée	___	___	_____	_____
Et sur les jours mouvants roule comme un bateau.	___	___	_____	_____
Je laisserai de moi dans le pli des collines	___	___	_____	_____
10 La chaleur de mes yeux qui les ont vu fleurir,	___	___	_____	_____
Et la cigale assise aux branches de l'épine	___	___	_____	_____
Fera vibrer le cri strident de mon désir.	___	___	_____	_____
Dans les champs printaniers la verdure nouvelle,	___	___	_____	_____
Et le gazon touffu sur le bord des fossés	___	___	_____	_____
15 Sentiront palpiter et fuir comme des ailes	___	___	_____	_____
Les ombres de mes mains qui les ont tant pressés.	___	___	_____	_____
La nature qui fut ma joie et mon domaine	___	___	_____	_____
Respirera dans l'air ma persistante ardeur,	___	___	_____	_____
Et sur l'abattement de la tristesse humaine	___	___	_____	_____
20 Je laisserai la forme unique de mon cœur...	___	___	_____	_____

C.2.2. Remarques sur la nature et la fonction (effet/rapport avec le sens) des rimes dans l'ensemble du poème :

suite _____

_____

richesse _____

_____

rapports d'identité et d'opposition _____

_____

_____

C.3. Rythme et vers

C.3.1. Coupes et rythme. Indiquez les coupes dans le texte (// = césure ; / = autres coupes) et complétez le tableau suivant :

Coupes	Rythme (ex. : 4/2 //2/4)	Nature du rythme (régulier, équilibré, accélération, rupture, etc.)
Je m'appuierai si bien et si fort à la vie,	_____	_____
D'une si rude étreinte et d'un tel serrement,	_____	_____
Qu'avant que la douceur du jour me soit ravie	_____	_____
Elle s'échauffera de mon enlacement.	_____	_____
		_____
5 La mer, abondamment sur le monde étalée,	_____	_____
Gardera, dans la route errante de son eau,	_____	_____
Le goût de ma douleur qui est âcre et salée	_____	_____
Et sur les jours mouvants roule comme un bateau.	_____	_____
		_____
Je laisserai de moi dans le pli des collines	_____	_____
10 La chaleur de mes yeux qui les ont vu fleurir,	_____	_____
Et la cigale assise aux branches de l'épine	_____	_____
Fera vibrer le cri strident de mon désir.	_____	_____
		_____
Dans les champs printaniers la verdure nouvelle,	_____	_____
Et le gazon touffu sur le bord des fossés	_____	_____
15 Sentiront palpiter et fuir comme des ailes	_____	_____
Les ombres de mes mains qui les ont tant pressés.	_____	_____
		_____
La nature qui fut ma joie et mon domaine	_____	_____
Respirera dans l'air ma persistante ardeur,	_____	_____
Et sur l'abattement de la tristesse humaine	_____	_____
20 Je laisserai la forme unique de mon cœur...	_____	_____

C.3.2. Conclusions générales sur la fonction/l'effet du rythme des vers :

_____

_____

_____

_____

_____

C.4. Syntaxe et vers

C.4.1. Marquez les enjambements (de vers à vers et internes) dans le texte ci-dessous et examinez-en les caractéristiques (quantité, distribution, etc.) et l'effet/le rapport avec le sens :

Enjambements (à souligner ou marquer en couleur)	Caractéristiques/effet
Je m'appuierai si bien et si fort à la vie,	
D'une si rude étreinte et d'un tel serrement,	
Qu'avant que la douceur du jour me soit ravie	
Elle s'échauffera de mon enlacement.	
5 La mer, abondamment sur le monde étalée,	
Gardera, dans la route errante de son eau,	
Le goût de ma douleur qui est âcre et salée	
Et sur les jours mouvants roule comme un bateau.	
Je laisserai de moi dans le pli des collines	
10 La chaleur de mes yeux qui les ont vu fleurir,	
Et la cigale assise aux branches de l'épine	
Fera vibrer le cri strident de mon désir.	
Dans les champs printaniers la verdure nouvelle,	
Et le gazon touffu sur le bord des fossés	
15 Sentiront palpiter et fuir comme des ailes	
Les ombres de mes mains qui les ont tant pressés.	
La nature qui fut ma joie et mon domaine	
Respirera dans l'air ma persistante ardeur,	
Et sur l'abattement de la tristesse humaine	
20 Je laisserai la forme unique de mon cœur...	

C.4.2. Syntaxe et versification. À l'aide des tableaux des pages suivantes (187–190), faites l'analyse logique (grammaticale) du poème (indiquez quelles sont les propositions indépendantes, principales et subordonnées ; indiquez aussi, si nécessaire, à l'intérieur de ces propositions les différents éléments syntaxiques [ex.: sujets, verbes, objets (directs, indirects), éléments adjectivaux, compléments circonstanciels (temps, lieu, etc.)]). Ensuite, étudiez les rapports qui existent entre la structure métrique (hémistiche, vers, strophe) du poème et sa structure syntaxique. Dans votre analyse, tenez compte de l'ordre et de la distribution des propositions et des éléments syntaxiques qui les composent.

Quand vous aurez terminé, vous résumerez vos conclusions ci-dessous :

Analyse logique (grammaticale)	Rapport syntaxe/vers et syntaxe/strophe	Effet et rapport avec le sens du vers, de la strophe et du poème
Marquez les propositions en couleur (une couleur différente pour chaque type de proposition [ex. : le jaune pour les principales])	*Indiquez s'il y a concordance ou discordance entre les unités syntaxiques et les divisions du vers, le vers et la strophe*	*Il s'agit de l'effet physique produit sur la lecture / le lecteur (effet rythmique, retardement, accélération, équilibre, déséquilibre, mise en valeur de mots, mouvement d'anticipation, rappel, etc.)*
Je m'appuierai si bien et si fort à la vie,		
D'une si rude étreinte et d'un tel serrement,		
Qu'avant que la douceur du jour me soit ravie		
Elle s'échauffera de mon enlacement.		
Ensemble de la première strophe		

Analyse logique (grammaticale)	Rapport syntaxe/vers et syntaxe/strophe	Effet et rapport avec le sens du vers, de la strophe et du poème
5 La mer, abondamment sur le monde étalée,		
Gardera, dans la route errante de son eau,		
Le goût de ma douleur qui est âcre et salée		
Et sur les jours mouvants roule comme un bateau.		
Ensemble de la deuxième strophe		
Je laisserai de moi dans le pli des collines		
10 La chaleur de mes yeux qui les ont vu fleurir,		

Analyse logique (grammaticale)	Rapport syntaxe/vers et syntaxe/strophe	Effet et rapport avec le sens du vers, de la strophe et du poème
Et la cigale assise aux branches de l'épine		
Fera vibrer le cri strident de mon désir.		
Ensemble de la troisième strophe		
Dans les champs printaniers la verdure nouvelle,		
Et le gazon touffu sur les bords des fossés		
15 Sentiront palpiter et fuir comme des ailes		
Les ombres de mes mains qui les ont tant pressés.		

Analyse logique (grammaticale)	Rapport syntaxe/vers et syntaxe/strophe	Effet et rapport avec le sens du vers, de la strophe et du poème
Ensemble de la quatrième strophe		
La nature qui fut ma joie et mon domaine		
Respirera dans l'air ma persistante ardeur,		
Et sur l'abattement de la tristesse humaine		
20 Je laisserai la forme unique de mon cœur…		
Ensemble de la cinquième strophe		
Remarques générales sur l'ensemble du poème (notez-les à la page 186)		

D. Structure

D.1. En vous basant sur votre lecture du texte et sur certaines des observations que vous avez faites lors de votre étude des sections précédentes, divisez le poème en parties et donnez un titre à chacune.

Première partie :

- du vers ____1____ au vers _____ ; titre _____

Deuxième partie :

- du vers _____ au vers _____ ; titre _____

Etc. _____

_____

_____

_____

D. 2. Rapport entre les divisions observées ci-dessus (mouvements) et la structure strophique du poème (concordance, discordance, etc.). Essayez d'en expliquer la fonction (effet/rapport avec le sens).

Rapport strophes/mouvements	Fonction/effet

III. INTERPRÉTATION/SYNTHÈSE

En vous basant sur les observations que vous avez faites dans les sections précédentes, indiquez sous forme de notes quels sont les rapports entre le fond du poème (à définir) et les éléments de sa forme que vous avez découverts (quelle est leur fonction ?) :

FOND
À votre avis, en quoi consiste-t-il ? (Thème/idée centrale, sens, intérêt, effet sur le lecteur, etc.)

FORME	
Techniques employées par le poète (images, rimes, rythme des vers, rapport syntaxe/mètre, grammaire, structure, etc.) :	Fonction de chaque technique par rapport au fond du poème :

Guillaume Apollinaire

(1880–1918)

Le Pont Mirabeau

Sous le pont Mirabeau coule la Seine
Et nos amours
Faut-il qu'il m'en souvienne
La joie venait toujours après la peine

5   Vienne la nuit sonne l'heure
Les jours s'en vont je demeure

Les mains dans les mains restons face à face
Tandis que sous
Le pont de nos bras passe
10   Des éternels regards l'onde si lasse

Vienne la nuit sonne l'heure
Les jours s'en vont je demeure

L'amour s'en va comme cette eau courante
L'amour s'en va
15   Comme la vie est lente
Et comme l'Espérance est violente

Vienne la nuit sonne l'heure
Les jours s'en vont je demeure

Passent les jours et passent les semaines
20   Ni temps passé
Ni les amours reviennent
Sous le pont Mirabeau coule la Seine

Vienne la nuit sonne l'heure
Les jours s'en vont je demeure

Alcools, 1913

Premières impressions. Après une lecture rapide ou deux, indiquez quelles sont vos premières impressions sur le sens/l'effet/l'intérêt général du poème.

_____

_____

_____

_____

I. ÉTUDE DE LA LANGUE, COMPRÉHENSION

A. Références et compréhension. Donnez les renseignements demandés (les mots concernés sont en italique dans le texte) :

> Sous le pont Mirabeau *coule* la Seine
> Et nos amours
> Faut-il qu'*il* m'*en* souvienne
> La joie venait toujours après la peine
>
> 5   *Vienne* la nuit *sonne* l'heure
> Les jours s'en vont je demeure
>
> Les mains dans les mains restons face à face
> Tandis que sous
> Le pont de nos bras *passe*
> 10 Des éternels regards l'onde si lasse
>
> Vienne la nuit sonne l'heure
> Les jours s'en vont je demeure
>
> L'amour s'en va comme cette eau courante
> L'amour s'en va
> 15 Comme la vie est lente
> Et comme l'Espérance est violente
>
> Vienne la nuit sonne l'heure
> Les jours s'en vont je demeure
>
> Passent les jours et *passent* les semaines
> 20 Ni temps passé
> Ni les amours *reviennent*
> Sous le pont Mirabeau coule la Seine
>
> Vienne la nuit sonne l'heure
> Les jours s'en vont je demeure

Sujet de *coule* : _____

il = _____

en = _____

_____

Vienne

- sujet : _____

- temps : _____

- explication du temps (sens) : _____

_____

sonne

- sujet : _____

- temps : _____

- explication du temps (sens) : _____

_____

Sujet de *passe* : _____

passent

- sujet : _____

- temps : _____

- explication du temps (sens) : _____

_____

reviennent

- sujet : _____

- temps : _____

B. Relevez les expressions/propositions/phrases contenant un verbe au subjonctif. Les verbes répétés devront figurer autant de fois qu'ils apparaissent dans le poème. Indiquez quel est à votre avis le sens de chaque occurrence (attention : le sens d'un terme répété peut changer à chaque occurrence suivant le contexte ; par exemple, est-ce que c'est le même sentiment qui est exprimé à chaque répétition ?).

Vers n°	Expressions/propositions/phrases	Sens

II. ÉTUDE DÉTAILLÉE DU POÈME

A. Contenu sémantique et thématique

A.1. Verbes

A.1.1. Inventaire des verbes. Relevez les verbes du poème (donnez l'infinitif). Indiquez aussi à quel(s) registre(s) sémantique(s) ils appartiennent :

Verbes (à souligner dans le texte)	Infinitif	Registre(s) sémantique(s)
Sous le pont Mirabeau coule la Seine Et nos amours Faut-il qu'il m'en souvienne La joie venait toujours après la peine	*falloir*	*nécessité*
5 Vienne la nuit sonne l'heure Les jours s'en vont je demeure		
Les mains dans les mains restons face à face Tandis que sous Le pont de nos bras passe 10 Des éternels regards l'onde si lasse		

Verbes (à souligner dans le texte)	**Infinitif**	**Registre(s) sémantique(s)**
Vienne la nuit sonne l'heure Les jours s'en vont je demeure L'amour s'en va comme cette eau courante L'amour s'en va 15 Comme la vie est lente Et comme l'Espérance est violente Vienne la nuit sonne l'heure Les jours s'en vont je demeure Passent les jours et passent les semaines 20 Ni temps passé Ni les amours reviennent Sous le pont Mirabeau coule la Seine Vienne la nuit sonne l'heure Les jours s'en vont je demeure		

A.1.2. Observations sur les verbes

Idées/thèmes dominants (classez/ regroupez les verbes suivant le sens)		**Quantité** (nombre d'occur- rences)	**Conclusions générales** (variété des verbes/richesse du vocabulaire, progressions, distribution, etc.)
Thèmes (registres sémantiques)	**Verbes**		
_____	_____	_____	_____
_____	_____	_____	_____
_____	_____	_____	_____
_____	_____	_____	_____
_____	_____	_____	_____
_____	_____	_____	_____
_____	_____	_____	_____
_____	_____	_____	_____
_____	_____	_____	_____
_____	_____	_____	_____

A.2. Vocabulaire

A.2.1. Relevez les termes/expressions relatifs aux catégories suivantes (en cas de répétition, indiquez le nombre d'occurrences entre parenthèses) :

L'eau	Le temps	L'affectivité	
		Vocabulaire abstrait	Vocabulaire concret

Observations personnelles sur les éléments figurant dans le tableau ci-dessus (nature, distribution du vocabulaire, etc.) :

_____

_____

_____

_____

_____

A.2.2. Relevez dans le poème les mots/expressions correspondant aux thèmes suivants :

Le mouvement		L'immobilité
La lenteur	La rapidité	

Observations sur le contenu du tableau précédent (ressemblances/oppositions, distribution des éléments relevés, quantité, etc.) :

_____

_____

_____

_____

_____

_____

A.3. Associations lexicales

A.3.1. Marquez en couleur dans le texte toutes les associations lexicales binaires qui apparaissent dans le poème et analysez les rapports sémantiques (ressemblance, opposition, complémentarité, progression, etc.) entre les termes qui les constituent :

Associations (ex. : pont/Seine, Seine/amours)	Rapports sémantiques (à indiquer/ définir en un ou plusieurs mots)
Sous le pont Mirabeau coule la Seine	_____
Et nos amours	_____
Faut-il qu'il m'en souvienne	_____
La joie venait toujours après la peine	_____
	_____
5 Vienne la nuit sonne l'heure	_____
Les jours s'en vont je demeure	_____
	_____
Les mains dans les mains restons face à face	_____
Tandis que sous	_____
Le pont de nos bras passe	_____
10 Des éternels regards l'onde si lasse	_____
	_____
Vienne la nuit sonne l'heure	_____
Les jours s'en vont je demeure	_____
	_____
L'amour s'en va comme cette eau courante	_____
L'amour s'en va	_____
15 Comme la vie est lente	_____
Et comme l'Espérance est violente	_____
	_____
Vienne la nuit sonne l'heure	_____
Les jours s'en vont je demeure	_____
	_____
Passent les jours et passent les semaines	_____
20 Ni temps passé	_____
Ni les amours reviennent	_____
Sous le pont Mirabeau coule la Seine	_____

Associations (ex. : pont/Seine, Seine/amours)	**Rapports sémantiques** (à indiquer/ définir en un ou plusieurs mots)
Vienne la nuit sonne l'heure Les jours s'en vont je demeure	_____ _____

A.3.2. Observations générales sur les associations lexicales :

_____

_____

_____

A.4. Images

A.4.1. Relevez les

comparaisons	personnifications	métaphores	symboles

A.4.2. Remarques générales sur les images :

_____

_____

_____

B. Versification et sens

B.1. Déterminez les caractéristiques suivantes du poème d'Apollinaire et indiquez-en l'effet :

Caractéristiques	Effet/rapport avec le sens du poème
Type de vers _____	_____
_____	_____
_____	_____
_____	_____
_____	_____
Mode de groupement des vers (structure strophique,	_____
etc.) _____	_____
_____	_____
_____	_____
_____	_____
_____	_____

B.2. Rimes

B.2.1. Indiquez le schéma de la suite des rimes (A, B, C, etc.), leur richesse (P, S, R) et leur genre (m./f.) :

	Suite	Richesse	Genre
Sous le pont Mirabeau coule la Seine	_____	_____	_____
Et nos amours	_____	_____	_____
Faut-il qu'il m'en souvienne	_____	_____	_____
La joie venait toujours après la peine	_____	_____	_____
5 Vienne la nuit sonne l'heure	_____	_____	_____
Les jours s'en vont je demeure	_____	_____	_____
Les mains dans les mains restons face à face	_____	_____	_____
Tandis que sous	_____	_____	_____
Le pont de nos bras passe	_____	_____	_____
10 Des éternels regards l'onde si lasse	_____	_____	_____

	Suite	Richesse	Genre
Vienne la nuit sonne l'heure	_____	_____	_____
Les jours s'en vont je demeure	_____	_____	_____
L'amour s'en va comme cette eau courante	_____	_____	_____
L'amour s'en va	_____	_____	_____
15 Comme la vie est lente	_____	_____	_____
Et comme l'Espérance est violente	_____	_____	_____
Vienne la nuit sonne l'heure	_____	_____	_____
Les jours s'en vont je demeure	_____	_____	_____
Passent les jours et passent les semaines	_____	_____	_____
20 Ni temps passé	_____	_____	_____
Ni les amours reviennent	_____	_____	_____
Sous le pont Mirabeau coule la Seine	_____	_____	_____
Vienne la nuit sonne l'heure	_____	_____	_____
Les jours s'en vont je demeure	_____	_____	_____

B.2.2. Notez les caractéristiques des rimes (description des schémas, etc.) et essayez d'en expliquer l'effet/le rapport avec le sens du poème :

Caractéristiques	Effet/rapport avec le sens
_____	_____
_____	_____
_____	_____
_____	_____
_____	_____
_____	_____
_____	_____
_____	_____
_____	_____

B.3. Rythme et vers

B.3.1. Coupes et rythme. Indiquez les coupes dans le texte (// = césure ; / = autres coupes) et complétez le tableau :

Coupes	Rythme (ex. : 4/2 //2/4)	Nature du rythme (régulier, équilibré, accélération, rupture, etc.)
Sous le pont Mirabeau coule la Seine		
Et nos amours		
Faut-il qu'il m'en souvienne		
La joie venait toujours après la peine		
5 Vienne la nuit sonne l'heure		
Les jours s'en vont je demeure		
Les mains dans les mains restons face à face		
Tandis que sous		
Le pont de nos bras passe		
10 Des éternels regards l'onde si lasse		
Vienne la nuit sonne l'heure		
Les jours s'en vont je demeure		
L'amour s'en va comme cette eau courante		
L'amour s'en va		
15 Comme la vie est lente		
Et comme l'Espérance est violente		
Vienne la nuit sonne l'heure		
Les jours s'en vont je demeure		
Passent les jours et passent les semaines		
20 Ni temps passé		
Ni les amours reviennent		
Sous le pont Mirabeau coule la Seine		
Vienne la nuit sonne l'heure		
Les jours s'en vont je demeure		

B.3.2. Conclusions générales sur la fonction/l'effet du rythme des vers dans
Le Pont Mirabeau :

_____

_____

_____

_____

_____

_____

B.4. Syntaxe et vers. Marquez les discordances syntaxe/vers en couleur dans
le texte où vous avez indiqué les coupes (B.3.1) et examinez-en les caractéristiques (quantité, distribution, etc.) et l'effet/le rapport avec le sens :

Vers nº	Caractéristiques/effet
—	
—	
—	
—	
—	
—	

C. Répétitions

Marquez en couleur dans le texte toutes les répétitions de mots ou de suites de
mots (expressions, propositions, etc.) et analysez-les :

Répétitions (à marquer dans le texte)	Description (nature, schéma, rythme, etc.) et effet/rapport avec le sens
Sous le pont Mirabeau coule la Seine Et nos amours	

Répétitions (à marquer dans le texte)	**Description** (nature, schéma, rythme, etc.) **et effet/rapport avec le sens**
Faut-il qu'il m'en souvienne	
La joie venait toujours après la peine	
5 Vienne la nuit sonne l'heure	
Les jours s'en vont je demeure	
Les mains dans les mains restons face à face	
Tandis que sous	
Le pont de nos bras passe	
10 Des éternels regards l'onde si lasse	
Vienne la nuit sonne l'heure	
Les jours s'en vont je demeure	
L'amour s'en va comme cette eau courante	
L'amour s'en va	
15 Comme la vie est lente	
Et comme l'Espérance est violente	
Vienne la nuit sonne l'heure	
Les jours s'en vont je demeure	
Passent les jours et passent les semaines	
20 Ni temps passé	
Ni les amours reviennent	
Sous le pont Mirabeau coule la Seine	
Vienne la nuit sonne l'heure	
Les jours s'en vont je demeure	

D. Sonorités

D.1. Marquez dans le texte ci-dessous les principaux réseaux de sonorités (répétitions d'un même son, ensembles de sons similaires) que vous trouverez.

Ensuite, décrivez les sons dans la colonne de droite :

Sonorités (à marquer en couleur dans le texte—une couleur différente pour chaque son ou ensemble)	Nature des sons (allitérations, assonances, onomatopées, plosives, liquides, sifflantes, etc.)
Sous le pont Mirabeau coule la Seine	_____
Et nos amours	_____
Faut-il qu'il m'en souvienne	_____
La joie venait toujours après la peine	_____
	_____
5 Vienne la nuit sonne l'heure	_____
Les jours s'en vont je demeure	_____
	_____
Les mains dans les mains restons face à face	_____
Tandis que sous	_____
Le pont de nos bras passe	_____
10 Des éternels regards l'onde si lasse	_____
	_____
Vienne la nuit sonne l'heure	_____
Les jours s'en vont je demeure	_____
	_____
L'amour s'en va comme cette eau courante	_____
L'amour s'en va	_____
15 Comme la vie est lente	_____
Et comme l'Espérance est violente	_____
	_____
Vienne la nuit sonne l'heure	_____
Les jours s'en vont je demeure	_____
	_____
Passent les jours et passent les semaines	_____
20 Ni temps passé	_____
Ni les amours reviennent	_____
Sous le pont Mirabeau coule la Seine	_____
	_____
Vienne la nuit sonne l'heure	_____
Les jours s'en vont je demeure	_____

D.2. Remarques sur l'effet des sonorités identifiées ci-dessus :

_____

_____

_____

_____

_____

_____

E. Ponctuation

Dans le texte ci-dessous, mettez la ponctuation et, en face, notez vos remarques sur l'effet de l'absence de ponctuation dans le poème :

Ponctuation	Observations/remarques
Sous le pont Mirabeau coule la Seine	_____
Et nos amours	_____
Faut-il qu'il m'en souvienne	_____
La joie venait toujours après la peine	_____
	_____
5 Vienne la nuit sonne l'heure	_____
Les jours s'en vont je demeure	_____
	_____
Les mains dans les mains restons face à face	_____
Tandis que sous	_____
Le pont de nos bras passe	_____
10 Des éternels regards l'onde si lasse	_____
	_____
Vienne la nuit sonne l'heure	_____
Les jours s'en vont je demeure	_____
	_____
L'amour s'en va comme cette eau courante	_____
L'amour s'en va	_____

	Ponctuation	**Observations/remarques**
15	Comme la vie est lente	_____
	Et comme l'Espérance est violente	_____
		_____
	Vienne la nuit sonne l'heure	_____
	Les jours s'en vont je demeure	_____
		_____
	Passent les jours et passent les semaines	_____
20	Ni temps passé	_____
	Ni les amours reviennent	_____
	Sous le pont Mirabeau coule la Seine	_____
		_____
	Vienne la nuit sonne l'heure	_____
	Les jours s'en vont je demeure	_____

F. Structure

F.1. En vous basant sur votre lecture du texte et sur certaines des observations que vous avez faites lors de votre étude des sections précédentes, divisez le poème en parties et donnez un titre à chacune.

Première partie :

■   du vers ___1___ au vers _____ ; titre _____

Deuxième partie :

■   du vers _____ au vers _____ ; titre _____

Etc. _____

_____

_____

_____

_____

F.2. Rapport entre les divisions observées ci-dessus (mouvements) et la structure strophique du poème (concordance, discordance, etc.). Essayez d'en expliquer la fonction (effet/rapport avec le sens).

Rapport strophes/mouvements	Fonction/effet

III. INTERPRÉTATION/SYNTHÈSE

En vous basant sur les observations que vous avez faites dans les sections précédentes, indiquez sous forme de notes quels sont les rapports entre le fond du poème (à définir) et les éléments de sa forme que vous avez découverts (quelle est leur fonction ?) :

FOND
À votre avis, en quoi consiste-t-il ? (Thème/idée centrale, sens, intérêt, effet sur le lecteur, etc.) _____ _____ _____

FORME	
Techniques employées par le poète (images, rimes, rythme des vers, rapport syntaxe/mètre, grammaire, structure, etc.) :	Fonction de chaque technique par rapport au fond du poème :

Robert Desnos

(1900–1945)

Les Gorges froides[1]

À Simone

À la poste d'hier tu télégraphieras
que nous sommes bien morts avec les hirondelles.
Facteur triste facteur un cercueil sous ton bras
va-t'en porter ma lettre aux fleurs à tire d'elle[2].

5   La boussole est en os mon cœur tu t'y fieras.
Quelque tibia marque le pôle et les marelles
pour amputés ont un sinistre aspect d'opéras.
Que pour mon épitaphe un dieu taille ses grêles !

C'est ce soir que je meurs, ma chère Tombe-Issoire[3],
10   ton regard le plus beau ne fut qu'un accessoire
de la machinerie étrange du bonjour.

Adieu ! Je vous aimai sans scrupule et sans ruse,
ma Folie-Méricourt[4], ma silencieuse intruse.
Boussole à flèche torse annonce le retour.

C'est les bottes de 7 lieues cette phrase « Je me vois »,
1926—Recueilli dans *Destinée arbitraire*
©Éditions Gallimard, 1975

---

[1] Il existe une expression « faire des gorges chaudes » qui signifie « se moquer en y prenant plaisir, ouvertement, railler ».

[2] Homophonie de « à tire d'aile » (très vite, sans s'arrêter).

[3] Nom d'une rue de Paris.

[4] Autre nom de rue.

Premières impressions. Après une lecture rapide ou deux, indiquez quelles sont vos premières impressions sur le sens/l'effet/l'intérêt général du poème.

_____

_____

_____

_____

I. ÉTUDE DE LA LANGUE, COMPRÉHENSION

A. Lexique. Cherchez le mot suivant dans un dictionnaire bilingue :

hirondelle : _____

B. Cherchez les mots suivants dans un dictionnaire français/français :

boussole : _____

marelle : _____

_____

C. Références et compréhension. Donnez les renseignements demandés (les mots concernés sont en italique dans le texte) :

À la poste d'hier *tu* télégraphieras
que ***nous*** sommes bien morts avec les hirondelles.
Facteur triste facteur un cercueil sous ton bras
va-t'en porter ma lettre aux fleurs à tire d'elle.

5   La boussole est en os mon cœur *tu t'y fieras*.
Quelque tibia marque le pôle et les marelles
pour amputés *ont* un sinistre aspect d'opéras.
Que pour mon épitaphe un dieu *taille* ses grêles !

C'est ce soir que je meurs, ma chère Tombe-Issoire,
10   ton regard le plus beau ne fut qu'un accessoire
de la machinerie étrange du bonjour.

Adieu ! Je vous aimai sans scrupule et sans ruse,
ma Folie-Méricourt, ma silencieuse intruse.
Boussole à flèche torse ***annonce*** le retour.

tu = _____

_____

nous = _____

Temps de *va* : _____

tu = _____

Infinitif de *t'y fieras* : _____

y (*t'y fieras*) = _____

Sujet de *ont* : _____

_____

Temps de *taille* : _____

Temps de *annonce* : _____

II. ÉTUDE DÉTAILLÉE DU POÈME

A. Contenu sémantique et thématique

A.1. Relevez dans le poème les mots/expressions correspondant aux catégories suivantes ou les évoquant :

Expressions de temps	La mort	La vie

A.2. Relevez les associations/juxtapositions de mots qui vous semblent difficiles à saisir/accepter. En face de ces mots, faites la liste des connotations que vous pourrez trouver. Indiquez ensuite quel sens l'association semble prendre pour vous ou quel est son effet sur vous.

Vers n°	Associations	Connotations/interprétation
	1. Association 1	
	■ mot 1 : *hier* _____	
	■ mot 2 : *télégraphieras* _____	
	Sens/effet possible de l'association : _____	
	2. Association 2	
	Etc.	_____
		_____ *(Continuez à la page suivante)*

Vers n°	Associations	Connotations/interprétation
		_____
		_____
		_____
		_____
		_____
		_____
		_____
		_____
		_____
		_____
		_____
		_____
		_____
		_____
		_____
		_____
		_____
		_____
		_____
		_____
		_____
		_____
		_____
		_____
		_____
		_____
		_____
		_____
		_____
		_____
		_____
		_____
		_____
		_____
		_____
		(Continuez à la page suivante)

Vers n°	Associations	Connotations/interprétation

B. Versification et sens

B.1. Déterminez les caractéristiques suivantes du poème de Desnos et indiquez-en l'effet :

Caractéristiques	Effet/rapport avec le sens du poème
Nombre de syllabes dans chaque vers _____	_____
Type de vers _____	_____
_____	_____
Mode de groupement des vers (structure strophique, etc.) _____	_____
Type de poème _____	_____
_____	_____

B.2. Rimes

B.2.1. Indiquez ci-dessous le schéma de la suite des rimes (A, B, C, etc.), leur richesse (P, S, R) et leur genre (m./f.) :

	Suite	Richesse	Genre
À la poste d'hier tu télégraphieras	_____	_____	_____
que nous sommes bien morts avec les hirondelles.	_____	_____	_____
Facteur triste facteur un cercueil sous ton bras	_____	_____	_____
va-t'en porter ma lettre aux fleurs à tire d'elle.	_____	_____	_____
5 La boussole est en os mon cœur tu t'y fieras.	_____	_____	_____
Quelque tibia marque le pôle et les marelles	_____	_____	_____
pour amputés ont un sinistre aspect d'opéras.	_____	_____	_____
Que pour mon épitaphe un dieu taille ses grêles !	_____	_____	_____
C'est ce soir que je meurs, ma chère Tombe-Issoire,	_____	_____	_____
10 ton regard le plus beau ne fut qu'un accessoire	_____	_____	_____
de la machinerie étrange du bonjour.	_____	_____	_____
Adieu ! Je vous aimai sans scrupule et sans ruse,	_____	_____	_____
ma Folie-Méricourt, ma silencieuse intruse.	_____	_____	_____
Boussole à flèche torse annonce le retour.	_____	_____	_____

B.2.2. Après avoir examiné les schémas mis en évidence dans le tableau ci-dessus, notez vos observations sur leur nature (régularité, équilibre, rupture, discordance, conformité, etc.) :

_____

_____

_____

_____

_____

B.2.3. Notez quelle est d'après vous la fonction (effet/signification/rapport avec le sens du poème, etc.) des rimes dans l'ensemble du poème.

_____

_____

_____

_____

_____

B.3. Rythme et vers

B.3.1. Coupes et rythme. Indiquez les coupes dans le texte (// = césure ; / = autres coupes) et complétez le tableau suivant :

Coupes	Rythme (ex. : 4/2 //2/4)	Nature du rythme (régulier, équilibré, accélération, etc.)
À la poste d'hier tu télégraphieras	_____	_____
que nous sommes bien morts avec les hirondelles.	_____	_____
Facteur triste facteur un cercueil sous ton bras	_____	_____
va-t-en porter ma lettre aux fleurs à tire d'elle.	_____	_____
5 La boussole est en os mon cœur tu t'y fieras.	_____	_____
Quelque tibia marque le pôle et les marelles	_____	_____

Coupes	Rythme (ex. : 4/2 //2/4)	Nature du rythme (régulier, équilibré, accélération, etc.)
pour amputés ont un sinistre aspect d'opéras.	_____	_____
Que pour mon épitaphe un dieu taille ses grêles !	_____	_____
		_____
C'est ce soir que je meurs, ma chère Tombe-Issoire,	_____	_____
10 ton regard le plus beau ne fut qu'un accessoire	_____	_____
de la machinerie étrange du bonjour.	_____	_____
		_____
Adieu ! Je vous aimai sans scrupule et sans ruse,	_____	_____
ma Folie-Méricourt, ma silencieuse intruse.	_____	_____
Boussole à flèche torse annonce le retour.	_____	_____

B.3.2. Remarques générales sur la fonction/l'effet du rythme des vers dans le poème de Desnos :

_____

_____

_____

_____

B.4. Syntaxe et vers. Marquez les enjambements (internes et de vers à vers) dans le texte où vous avez indiqué les coupes (B.3.1) et notez-en les caractéristiques (quantité, distribution, etc.) et la fonction ci-dessous :

Vers n°	Caractéristiques et fonction (effet/rapport avec le sens)
—	_____
—	_____
—	_____
—	_____
—	_____
—	_____
—	_____

C. Structure

C.1. En vous basant sur votre lecture du texte et sur certaines des observations que vous avez faites lors de votre étude des sections précédentes, divisez le poème en parties et donnez un titre à chacune.

Première partie :

■   du vers   1   au vers _____ ; titre _____

Deuxième partie :

■   du vers _____ au vers _____ ; titre _____

Etc. _____

_____

_____

_____

C.2. Rapport entre les divisions observées ci-dessus (mouvements) et la structure strophique du poème (concordance, discordance, etc.). Essayez d'en expliquer la fonction (effet/rapport avec le sens).

Rapport strophes/mouvements	Fonction/effet

III. INTERPRÉTATION/SYNTHÈSE

En vous basant sur les observations que vous avez faites dans les sections précédentes, indiquez sous forme de notes quels sont les rapports entre le fond du poème (à définir) et les éléments de sa forme que vous avez découverts (quelle est leur fonction ?) :

FOND
À votre avis, en quoi consiste-t-il ? (Thème/idée centrale, sens, intérêt, effet sur le lecteur, etc.)

FORME	
Techniques employées par le poète (images, rimes, rythme des vers, rapport syntaxe/mètre, grammaire, structure, etc.) :	Fonction de chaque technique par rapport au fond du poème :

Jean Cocteau

(1889–1963)

Jeune fille endormie

Rendez-vous derrière l'arbre à songes ;
Encore faut-il savoir auquel aller.
Souvent on embrouille les anges,
Victimes du mancenillier.

5   Nous qui savons ce que ce geste attire :
Quitter le bal et les buveurs de vin,
À bonne distance des tirs,
Nous ne dormirons pas en vain.

Dormons sous un prétexte quelconque,
10 Par exemple : voler en rêve ;
Et mettons-nous en forme de quinconce,
Pour surprendre les rendez-vous.

C'est le sommeil qui fait ta poésie,
Jeune fille avec un seul grand bras paresseux ;
15 Déjà le rêve à grand spectacle t'a saisie
Et plus rien d'autre ne t'intéresse.

Opéra, Librairie Stock, 1927

Premières impressions. Après une lecture rapide ou deux, indiquez quelles sont vos premières impressions sur le sens/l'effet/l'intérêt général du poème.

_____

_____

_____

_____

I. ÉTUDE DE LA LANGUE, COMPRÉHENSION

A. Lexique

A.1. Cherchez les mots suivants dans un dictionnaire français/français :

songe : _____

embrouiller : _____

mancenillier : _____

quinconce : _____

A.2. Cherchez le mot suivant dans un dictionnaire bilingue :

mancenillier : _____

B. Références et compréhension. Donnez les renseignements demandés (les mots concernés sont en italique dans le texte) :

Rendez-vous derrière l'arbre à songes ;
Encore faut-il savoir **auquel** aller.
Souvent on embrouille les anges,
Victimes du mancenillier.

5 Nous qui savons ce que *ce geste* attire :
Quitter le bal et les buveurs de vin,
À bonne distance des tirs,
Nous ne dormirons pas en vain.

Dormons sous un prétexte quelconque,
10 Par exemple : voler en rêve ;
Et **mettons-nous** en forme de quinconce,
Pour surprendre les rendez-vous.

C'est le sommeil qui fait *ta* poésie,
Jeune fille avec un seul grand bras paresseux ;
15 Déjà le rêve à grand spectacle *t'*a saisie
Et plus rien d'autre ne *t'*intéresse.

auquel = _____

Victimes modifie _____

ce geste = _____
_____

Nous = _____
_____

Temps de *Dormons* : _____

mettons-nous

■ infinitif : _____

■ temps : _____

ta = _____

t' = _____

C. Structures

C.1. Trouvez dans le poème une phrase exprimant la restriction :

_____

C.2. Récrivez la phrase suivante de façon à la rendre plus facilement compréhensible (exprimez le rapport qui existe entre ses deux parties) :

Souvent on embrouille les anges,
Victimes du mancenillier. _____

_____

_____

II. ÉTUDE DÉTAILLÉE DU POÈME

A. Contenu sémantique et thématique

A.1. Relevez dans le poème les termes/expressions correspondant aux catégories suivantes :

Le sommeil	La vie sociale

A.2. L'invitation. Relevez dans le texte les termes, expressions, phrases, etc., relatifs à la notion d'**invitation** de manière à remplir le tableau suivant :

Invitation	Raisons/buts de l'invitation

A.3. Relevez dans le poème tous les mots, expressions, phrases, etc., qui expriment une difficulté, un sacrifice, un danger :

_____

_____

_____

_____

_____

A.4. Images et connotations

A.4.1. Relevez dans le poème les termes/expressions renvoyant à ou évoquant la notion d'« arbre » et notez en face toutes les connotations que vous pourrez trouver pour chacun d'entre eux :

Termes/expressions relatifs à la notion d'« arbre »	Connotations

« _L'arbre à songes_ ». Consultez un (bon) dictionnaire français et trouvez d'autres expressions commençant par « arbre à... ». Notez-en la signification :

_____

_____

_____

_____

_____

A.4.2. Images et associations. Voici un certain nombre d'associations dont certaines peuvent paraître obscures. En face des termes relevés, faites la liste des connotations que vous pourrez trouver. Ensuite indiquez sous forme de notes comment vous pensez pouvoir interpréter l'association.

Associations	Connotations/interprétation
1. *l'arbre à songes*	
■ arbre	
■ songes	
Sens/effet possible :	
2. *on embrouille les anges*	
■ on	_____ (notez seulement à qui renvoie « on »)
■ embrouille	
■ anges	
Sens/effet possible :	
3. *voler en rêve*	
■ voler	
■ rêve	
Sens/effet possible :	
4. *Jeune fille avec un seul grand bras paresseux*	
■ jeune fille	
■ un seul grand bras paresseux	
Sens/effet possible :	

A.5. Essayez maintenant de définir la place des thèmes suivants dans *Jeune fille endormie* :

■   le sommeil _____

_____

_____

_____

■   l'arbre _____

_____

_____

_____

■   l'ange _____

_____

_____

_____

■   la vie sociale _____

_____

_____

_____

■   le rêve _____

_____

_____

_____

B. Versification et sens

B.1. Déterminez les caractéristiques suivantes et indiquez-en l'effet :

Caractéristiques	Effet/rapport avec le sens du poème
Type de vers _____ Mode de groupement des vers (structure strophique, etc.) _____ _____	_____ _____ _____ _____

B.2. Fins de vers et échos

B.2.1. Notez le schéma de la suite des rimes (A, B, C, etc.), leur richesse (P, S, R) et leur genre (m./f.). Indiquez aussi en couleur dans le texte les autres échos qui marquent les fins de vers (une couleur par son ou ensemble sonore).

	Suite	Richesse	Genre
Rendez-vous derrière l'arbre à songes ;	___	___	___
Encore faut-il savoir auquel aller.	___	___	___
Souvent on embrouille les anges,	___	___	___
Victimes du mancenillier.	___	___	___
5 Nous qui savons ce que ce geste attire :	___	___	___
Quitter le bal et les buveurs de vin,	___	___	___
À bonne distance des tirs,	___	___	___
Nous ne dormirons pas en vain.	___	___	___
Dormons sous un prétexte quelconque,	___	___	___
10 Par exemple : voler en rêve ;	___	___	___
Et mettons-nous en forme de quinconce,	___	___	___
Pour surprendre les rendez-vous.	___	___	___
C'est le sommeil qui fait ta poésie,	___	___	___
Jeune fille avec un seul grand bras paresseux ;	___	___	___
15 Déjà le rêve à grand spectacle t'a saisie	___	___	___
Et plus rien d'autre ne t'intéresse.	___	___	___

B.2.2. Après avoir examiné les caractéristiques mises en évidence dans le tableau ci-dessus, notez à la page suivante vos observations sur leur nature (régularité, équilibre, rupture, discordance, conformité, etc.) :

(Fins de vers et échos)

_____

_____

_____

_____

_____

B.2.3. Notez quelle est d'après vous la fonction (effet/signification/rapport avec le sens du poème, etc.) des phénomènes observés dans les sections B.2.1 et B.2.2 pour l'ensemble du poème :

_____

_____

_____

_____

B.2.4. Autres fonctions des échos de fin de vers : association/ressemblance/ opposition, etc. Indiquez, analysez et commentez sous forme de notes brèves les associations sémantiques qui résultent de ces homophonies :

Associations	Connotations/commentaires
1. _____ _____ Analyse/commentaire :	_____ _____ _____ _____
2. _____ _____ Analyse/commentaire : etc.	_____ _____ _____ _____ *(Continuez à la page suivante)*

Associations	Connotations/commentaires
	_____
	_____
	_____
	_____
	_____
	_____
	_____
	_____
	_____
	_____
	_____
	_____
	_____

B.3. Rythme et vers

B.3.1. Coupes et rythme. Indiquez les coupes dans le texte (// = césure ; / = autres coupes) et complétez le tableau suivant :

Coupes	Nombre de syllabes	Rythme (ex. : 4/2 //2/4)	Nature du rythme (régulier, équilibré, accélération, etc.)
Rendez-vous derrière l'arbre à songes ;	___	___	___
Encore faut-il savoir auquel aller.	___	___	___
Souvent on embrouille les anges,	___	___	___
Victimes du mancenillier.	___	___	___
5 Nous qui savons ce que ce geste attire :	___	___	___
Quitter le bal et les buveurs de vin,	___	___	___
À bonne distance des tirs,	___	___	___
Nous ne dormirons pas en vain.	___	___	___
Dormons sous un prétexte quelconque,	___	___	___

Coupes	Nombre de syllabes	Rythme (ex. : 4/2 //2/4)	Nature du rythme (régulier, équilibré, accélération, etc.)
10 Par exemple : voler en rêve ;	___	___	___
Et mettons-nous en forme de quinconce,	___	___	___
Pour surprendre les rendez-vous.	___	___	___
			___
C'est le sommeil qui fait ta poésie,	___	___	___
Jeune fille avec un seul grand bras paresseux ;	___	___	___
15 Déjà le rêve à grand spectacle t'a saisie	___	___	___
Et plus rien d'autre ne t'intéresse.	___	___	___

B.3.2. Remarques sur l'effet/le rapport avec le sens des phénomènes observés ci-dessus pour l'ensemble du poème :

_____

_____

_____

_____

_____

B.4. Syntaxe et vers. Marquez les enjambements (internes et de vers à vers) dans le texte où vous avez indiqué les coupes (B.3.1) et notez-en les caractéristiques (quantité, distribution, etc.) et la fonction ci-dessous :

Vers n°	Caractéristiques et fonction (effet/rapport avec le sens)
—	___
—	___
—	___
—	___
—	___
—	___
—	___

C. Structure

C.1. En vous basant sur votre lecture du texte et sur certaines des observations que vous avez faites lors de votre étude des sections précédentes, divisez le poème en parties et donnez un titre à chacune.

Première partie :

■ du vers ___1___ au vers _____ ; titre _____

Deuxième partie :

■ du vers _____ au vers _____ ; titre _____

Etc. _____

_____

_____

_____

_____

C.2. Rapport entre les divisions observées ci-dessus (mouvements) et la structure strophique du poème (concordance, discordance, etc.). Essayez d'en expliquer la fonction (effet/rapport avec le sens).

Rapport strophes/mouvements	Fonction/effet

III. INTERPRÉTATION/SYNTHÈSE

En vous basant sur les observations que vous avez faites dans les sections précédentes, indiquez sous forme de notes quels sont les rapports entre le fond du poème (à définir) et les éléments de sa forme que vous avez découverts (quelle est leur fonction ?) :

FOND
À votre avis, en quoi consiste-t-il ? (Thème/idée centrale, sens, intérêt, effet sur le lecteur, etc.)
_____
_____
_____

FORME	
Techniques employées par le poète (images, rimes, rythme des vers, rapport syntaxe/mètre, grammaire, structure, etc.) :	Fonction de chaque technique par rapport au fond du poème :

Paul Éluard

(1895–1952)

Finir

Les pieds dans des souliers d'or fin
Les jambes dans l'argile froide
Debout les murs couverts de viandes inutiles
Debout les bêtes mortes
5   Voici qu'un tourbillon gluant
Fixe à jamais rides grimaces
Voici que les cercueils enfantent
Que les verres sont pleins de sable
Et vides
10 Voici que les noyés s'enfoncent
Le sang détruit
Dans l'eau sans fond de leurs espoirs passés

Feuille morte molle rancœur
Contre le désir et la joie
15 Le repos a trouvé son maître
Sur des lits de pierre et d'épines

La charrue des mots est rouillée
Aucun sillon d'amour n'aborde plus la chair
Un lugubre travail est jeté en pâture
20 À la misère dévorante
À bas les murs couverts des armes émouvantes
Qui voyaient clair dans l'homme
Des hommes noircissent de honte
D'autres célèbrent leur ordure
25 Les yeux les meilleurs s'abandonnent

Même les chiens sont malheureux.

Le Livre ouvert I, 1940
©Éditions Gallimard, 1947

Premières impressions. Après une lecture rapide ou deux, indiquez quelles sont vos premières impressions sur le sens/l'effet/l'intérêt général du poème.

_____

_____

_____

_____

I. ÉTUDE DE LA LANGUE, COMPRÉHENSION

A. Lexique

A.1. Cherchez les mots suivants dans un dictionnaire français/français :

tourbillon : _____

cercueil : _____

noyé : _____

lugubre : _____

ordure : _____

A.2. Cherchez les mots suivants dans un dictionnaire bilingue :

argile : _____

charrue : _____

sillon : _____

B. Références et compréhension. Indiquez la nature (nom, pronom, adjectif, adverbe, verbe, etc.) et, chaque fois que c'est possible, la fonction (sujet, objet, complément circonstanciel [adverbial], complément du nom [adjectival], etc.) des mots en italique. Pour les verbes, indiquez le sujet.

Les pieds dans des souliers d'or *fin* Les jambes dans l'argile froide	Ex. : *fin* : adj. / modifie « or »

(Continuez à la page suivante)

Debout les murs couverts de viandes inutiles	*Debout :* _____
Debout les bêtes mortes	
5 Voici qu'un **tourbillon** gluant	*tourbillon :* _____
Fixe à jamais rides grimaces	
Voici que les cercueils **enfantent**	*enfantent :* _____
Que les verres sont pleins de sable	
Et **vides**	*vides :* _____
10 Voici que les noyés s'enfoncent	
Le sang **détruit**	*détruit :* _____
Dans l'eau sans fond de leurs espoirs passés	
	molle : _____
Feuille morte **molle** rancœur	
Contre le désir et la joie	*son maître :* _____
15 Le repos a trouvé **son maître**	
Sur des lits de pierre et **d'épines**	*d'épines :* _____
La charrue des mots est rouillée	*aborde :* _____
Aucun sillon d'amour n'**aborde** plus la chair	
Un lugubre travail est jeté en pâture	
20 **À la misère dévorante**	*la misère dévorante :* _____
À bas les murs couverts des armes émouvantes	
Qui voyaient clair dans l'homme	
Des hommes noircissent **de honte**	
D'autres célèbrent leur ordure	*À bas :* _____
25 Les yeux les meilleurs s'abandonnent	
	de honte : _____
Même les chiens sont malheureux.	

II. ÉTUDE DÉTAILLÉE DU POÈME

A. Contenu sémantique et thématique

A.1. Relevez dans le poème les mots/expressions relatifs aux catégories suivantes :

Le corps humain	Le domaine affectif

A.2. Thèmes mis en valeur par les listes établies ci-dessus (pensez à considérer le contexte dans lequel les termes relevés apparaissent) :

_____

_____

_____

A.3. Voici des associations dont certaines peuvent paraître obscures. En face des termes relevés, faites la liste des connotations que vous trouverez. Ensuite, indiquez sous forme de notes quel peut être le sens/l'effet de l'association.

Associations	Connotations/interprétation
1. *Les pieds dans des souliers d'or fin*	
■ pieds	
■ souliers	
■ or fin	
Sens/effet possible :	
2. *Les jambes dans l'argile froide*	
■ jambes	
■ argile froide	
Sens/effet possible :	
3. *Debout les murs couverts de viandes inutiles*	
■ Debout	
■ murs	

Associations	Connotations/interprétation
■ couverts	
■ viandes	
■ inutiles	
Sens/effet possible :	
4. *les cercueils enfantent* ■ cercueils	
■ enfantent	
Sens/effet possible :	
5. *les verres sont pleins de sable* *Et vides* ■ verres	
■ pleins	
■ sable	
■ vides	
Sens/effet possible :	
6. *des lits de pierre et d'épines* ■ lits	
■ de pierre et d'épines	
Sens/effet possible :	

Associations	Connotations/interprétation
7. *La charrue des mots* ■ charrue ■ mots Sens/effet possible : 8. *des armes émouvantes* ■ armes ■ émouvantes Sens/effet possible :	_____ _____ _____ _____ _____ _____ _____ _____ _____ _____ _____ _____ _____

A.4. Relevez les mots/expressions évoquant la mort ou la destruction :

de par leur valeur lexicale	par association

B. Versification et sens

B.1. Déterminez les caractéristiques suivantes et indiquez-en l'effet :

Caractéristiques	Effet/rapport avec le sens du poème
Type de vers _____	_____
Homophonies de fin de vers (rimes, assonances, etc.) _____ _____ _____ _____	_____ _____ _____ _____ _____
Mode de groupement des vers (structure strophique, etc.) _____	_____ _____

B.2. Rythme et vers

B.2.1. Coupes et rythme. Indiquez les coupes dans le texte (// = césure ; / = autres coupes) et complétez le tableau suivant :

Coupes	Nombre de syllabes	Rythme (ex. : 4/ 2//2/4)	Nature du rythme (régulier, équilibré, accélération, rupture, etc.)
Les pieds dans des souliers d'or fin	___	___	_____
Les jambes dans l'argile froide	___	___	_____
Debout les murs couverts de viandes inutiles	___	___	_____
Debout les bêtes mortes	___	___	_____
5 Voici qu'un tourbillon gluant	___	___	_____
Fixe à jamais rides grimaces	___	___	_____
Voici que les cercueils enfantent	___	___	_____
Que les verres sont pleins de sable	___	___	_____
Et vides	___	___	_____
10 Voici que les noyés s'enfoncent	___	___	_____
Le sang détruit	___	___	_____
Dans l'eau sans fond de leurs espoirs passés	___	___	_____

Coupes	Nombre de syllabes	Rythme (ex. : 4/ 2//2/4)	Nature du rythme (régulier, équilibré, accélération, rupture, etc.)
Feuille morte molle rancœur	____	____	_____
Contre le désir et la joie	____	____	_____
15 Le repos a trouvé son maître	____	____	_____
Sur des lits de pierre et d'épines	____	____	_____
			_____
La charrue des mots est rouillée	____	____	_____
Aucun sillon d'amour n'aborde plus la chair	____	____	_____
Un lugubre travail est jeté en pâture	____	____	_____
20 À la misère dévorante	____	____	_____
À bas les murs couverts des armes émouvantes	____	____	_____
Qui voyaient clair dans l'homme	____	____	_____
Des hommes noircissent de honte	____	____	_____
D'autres célèbrent leur ordure	____	____	_____
25 Les yeux les meilleurs s'abandonnent	____	____	_____
			_____
Même les chiens sont malheureux.	____	____	_____

B.2.2. Remarques générales sur la fonction/l'effet du rythme des vers dans *Finir* :

_____

_____

_____

_____

_____

_____

_____

_____

C. Répétitions

Marquez en couleur les répétitions de mots, d'expressions, de phrases et de structures syntaxiques et complétez le tableau suivant. Attention : n'oubliez pas les mots outils (articles, prépositions, etc.).

Répétitions (employez une couleur différente pour chaque type de répétition)	**Nature et fonction** (emphase, mise en rapport, ressemblance, opposition, effet sonore, etc.)
Les pieds dans des souliers d'or fin	_____
Les jambes dans l'argile froide	_____
Debout les murs couverts de viandes inutiles	_____
Debout les bêtes mortes	_____
5 Voici qu'un tourbillon gluant	_____
Fixe à jamais rides grimaces	_____
Voici que les cercueils enfantent	_____
Que les verres sont pleins de sable	_____
Et vides	_____
10 Voici que les noyés s'enfoncent	_____
Le sang détruit	_____
Dans l'eau sans fond de leurs espoirs passés	_____
	_____
Feuille morte molle rancœur	_____
Contre le désir et la joie	_____
15 Le repos a trouvé son maître	_____
Sur des lits de pierre et d'épines	_____
	_____
La charrue des mots est rouillée	_____
Aucun sillon d'amour n'aborde plus la chair	_____
Un lugubre travail est jeté en pâture	_____
20 À la misère dévorante	_____
À bas les murs couverts des armes émouvantes	_____
Qui voyaient clair dans l'homme	_____
Des hommes noircissent de honte	_____
D'autres célèbrent leur ordure	_____
25 Les yeux les meilleurs s'abandonnent	_____

Répétitions (employez une couleur différente pour chaque type de répétition)	Nature et fonction (emphase, mise en rapport, ressemblance, opposition, effet sonore, etc.)
Même les chiens sont malheureux.	_____

D. Sonorités

D.1. Marquez dans le texte ci-dessous les principaux réseaux de sonorités (répétitions d'un même son, ensembles de sons similaires) que vous trouverez et analysez-les :

Sonorités (à marquer en couleur dans le texte—une couleur différente pour chaque son ou ensemble)	Nature (allitérations, assonances, description phonétique)	Effet/rapport avec le sens
Les pieds dans des souliers d'or fin	_____	_____
Les jambes dans l'argile froide	_____	_____
Debout les murs couverts de viandes inutiles	_____	_____
Debout les bêtes mortes	_____	_____
5 Voici qu'un tourbillon gluant	_____	_____
Fixe à jamais rides grimaces	_____	_____
Voici que les cercueils enfantent	_____	_____
Que les verres sont pleins de sable	_____	_____
Et vides	_____	_____
10 Voici que les noyés s'enfoncent	_____	_____
Le sang détruit	_____	_____
Dans l'eau sans fond de leurs espoirs passés	_____	_____
	_____	_____
Feuille morte molle rancœur	_____	_____
Contre le désir et la joie	_____	_____
15 Le repos a trouvé son maître	_____	_____
Sur des lits de pierre et d'épines	_____	_____
	_____	_____
La charrue des mots est rouillée	_____	_____
Aucun sillon d'amour n'aborde plus la chair	_____	_____
Un lugubre travail est jeté en pâture	_____	_____
20 À la misère dévorante	_____	_____

Sonorités (à marquer en couleur dans le texte—une couleur différente pour chaque son ou ensemble)	Nature (allitérations, assonances, description phonétique)	Effet/rapport avec le sens
À bas les murs couverts des armes émouvantes		
Qui voyaient clair dans l'homme		
Des hommes noircissent de honte		
D'autres célèbrent leur ordure		
25 Les yeux les meilleurs s'abandonnent		
Même les chiens sont malheureux.		

D.2. Observations générales sur les sonorités et leur effet :

_____

_____

_____

_____

_____

_____

E. Ponctuation

E.1. Ponctuez le poème. Dans la colonne de droite, indiquez brièvement vos observations sur l'effet (les effets) de l'absence de ponctuation.

Ponctuation	Effet de l'absence de ponctuation
Les pieds dans des souliers d'or fin	
Les jambes dans l'argile froide	
Debout les murs couverts de viandes inutiles	
Debout les bêtes mortes	
5 Voici qu'un tourbillon gluant	
Fixe à jamais rides grimaces	

Ponctuation	Effet de l'absence de ponctuation
Voici que les cercueils enfantent	
Que les verres sont pleins de sable	
Et vides	
10 Voici que les noyés s'enfoncent	
Le sang détruit	
Dans l'eau sans fond de leurs espoirs passés	
Feuille morte molle rancœur	
Contre le désir et la joie	
15 Le repos a trouvé son maître	
Sur des lits de pierre et d'épines	
La charrue des mots est rouillée	
Aucun sillon d'amour n'aborde plus la chair	
Un lugubre travail est jeté en pâture	
20 À la misère dévorante	
À bas les murs couverts des armes émouvantes	
Qui voyaient clair dans l'homme	
Des hommes noircissent de honte	
D'autres célèbrent leur ordure	
25 Les yeux les meilleurs s'abandonnent	
Même les chiens sont malheureux.	

E.2. Remarques générales sur l'absence de ponctuation dans l'ensemble du poème :

_____

_____

_____

_____

_____

F. Structure

F.1. En vous basant sur votre lecture du texte et sur certaines des observations que vous avez faites lors de votre étude des sections précédentes, divisez le poème en parties et donnez un titre à chacune.

Première partie :

■ du vers ____1____ au vers _____ ; titre _____

Deuxième partie :

■ du vers _____ au vers _____ ; titre _____

Etc. _____

_____

_____

_____

F.2. Analysez le rapport entre les divisions observées ci-dessus (mouvements) et les groupements de vers adoptés par le poète (concordance, discordance, etc.). Essayez d'en expliquer la fonction (effet/rapport avec le sens).

Rapport	Fonction/effet

III. INTERPRÉTATION/SYNTHÈSE

En vous basant sur les observations que vous avez faites dans les sections précédentes, indiquez sous forme de notes quels sont les rapports entre le fond du poème (à définir) et les éléments de sa forme que vous avez découverts (quelle est leur fonction ?) :

FOND
À votre avis, en quoi consiste-t-il ? (Thème/idée centrale, sens, intérêt, effet sur le lecteur, etc.)
_____
_____
_____

FORME	
Techniques employées par le poète (images, rimes, rythme des vers, rapport syntaxe/mètre, grammaire, structure, etc.) :	Fonction de chaque technique par rapport au fond du poème :
_____	_____
_____	_____
_____	_____
_____	_____
_____	_____
_____	_____
_____	_____
_____	_____
_____	_____
_____	_____
_____	_____
_____	_____

Henri Michaux

(1899–1984)

Clown

Un jour.
Un jour, bientôt peut-être.
Un jour j'arracherai l'ancre qui tient mon navire loin des mers.
Avec la sorte de courage qu'il faut pour être rien et rien que rien, je
5 lâcherai ce qui paraissait m'être indissolublement proche.
Je le trancherai, je le renverserai, je le romprai, je le ferai dégringoler.
D'un coup dégorgeant ma misérable pudeur, mes misérables combinai-
sons et enchaînements « de fil en aiguille ».
Vidé de l'abcès d'être quelqu'un, je boirai à nouveau l'espace nourricier.
10 À coups de ridicules, de déchéances (qu'est-ce que la déchéance ?), par
éclatement, par vide, par une totale dissipation-dérision-purgation, j'expulserai
de moi la forme qu'on croyait si bien attachée, composée, coordonnée, assortie
à mon entourage et à mes semblables, si dignes, si dignes, mes semblables.
Réduit à une humilité de catastrophe, à un nivellement parfait comme
15 après une intense trouille.
Ramené au-dessous de toute mesure à mon rang réel, au rang infime que
je ne sais quelle idée-ambition m'avait fait déserter.
Anéanti quant à la hauteur, quant à l'estime.
Perdu en un endroit lointain (ou même pas), sans nom, sans identité.

20 CLOWN, abattant dans la risée, dans le grotesque, dans l'esclaffement,
le sens que contre toute lumière je m'étais fait de mon importance.
Je plongerai.
Sans bourse dans l'infini-esprit sous-jacent ouvert à tous,
ouvert moi-même à une nouvelle et incroyable rosée
25 à force d'être nul
et ras...
et risible...

Peintures, 1939—recueilli dans *L'Espace du dedans*
©Éditions Gallimard, 1966

Premières impressions. Après une lecture rapide ou deux, indiquez quelles sont vos premières impressions sur le sens/l'effet/l'intérêt général du poème.

_____

_____

_____

_____

I. ÉTUDE DE LA LANGUE, COMPRÉHENSION

A. Lexique. Cherchez les mots suivants dans un dictionnaire français/français et écrivez soit une définition soit un (des) synonyme(s) ou antonyme(s) qui vous aideront à vous souvenir du sens.

arracher : _____

lâcher : _____

trancher : _____

renverser : _____

rompre : _____

dégringoler : _____

nivellement : _____

trouille : _____

ramener : _____

anéanti : _____

abattre : _____

esclaffement : _____

à force de : _____

ras : _____

B. Références et compréhension. Indiquez la nature (nom, pronom, adjectif, adverbe, etc.) et la fonction (sujet, objet, complément circonstanciel [adverbial], complément du nom [adjectival], etc.) des mots en italique.

Un jour.

Un jour, bientôt peut-être.

Un jour j'arracherai l'ancre qui tient mon navire loin des mers.

Avec la sorte de courage qu'il faut pour être rien et rien que rien, je lâcherai ce qui paraissait m'être indissolublement proche.

Je *le* trancherai, je le renverserai, je le romprai, je le ferai dégringoler.

D'un coup dégorgeant ma misérable pudeur, mes misérables combinaisons et enchaînements « de fil en aiguille ».

Vidé de l'abcès d'être quelqu'un, je boirai à nouveau l'espace nourricier.

À coups de ridicules, de déchéances (qu'est-ce que la déchéance ?), par éclatement, par vide, par une totale dissipation-dérision-purgation, j'expulserai de moi la forme qu'on croyait si bien *attachée*, composée, coordonnée, *assortie* à mon entourage et à mes semblables, si dignes, si dignes, mes semblables.

Réduit à une humilité de catastrophe, à un nivellement parfait comme après une intense trouille.

Ramené au-dessous de toute mesure à mon rang réel, au rang infime que je ne sais quelle idée-ambition m'avait fait déserter.

Anéanti quant à la hauteur, quant à l'estime.

Perdu en un endroit lointain (ou même pas), sans nom, sans identité.

CLOWN, abattant dans la risée, dans le grotesque, dans l'esclaffement, le *sens* que contre toute lumière je m'étais fait de mon importance.

Je plongerai.

Sans bourse dans l'infini-esprit sous-jacent
ouvert à tous,
ouvert moi-même à une nouvelle et incroyable
rosée
à force d'être *nul*
et ras...
et *risible*...

Ex. : ancre : nom, obj. dir. de « arracherai »

le : _____

_____

Vidé : _____

attachée : _____

assortie : _____

Réduit : _____

Ramené : _____

Anéanti : _____

Perdu : _____

CLOWN : _____

sens : _____

ouvert : _____

_____

nul : _____

risible : _____

II. ÉTUDE DÉTAILLÉE DU POÈME

A. Contenu sémantique et thématique

A.1. Relevez les verbes au futur dont le sujet est « je ». Ensuite, classez ces verbes en deux catégories suivant le sens :

Catégorie 1 : verbes indiquant _____	Catégorie 2 : verbes indiquant _____

A.2. Relevez dans le poème les mots/expressions correspondant aux catégories suivantes ou les évoquant (attention : certains mots/expressions peuvent apparaître dans plusieurs catégories) :

Violence	Objet de cette violence	Résultat de cette violence	Vocabulaire à con- notations sociales
			(Continuez à la page suivante)

Violence	Objet de cette violence	Résultat de cette violence	Vocabulaire à con-notations sociales

A.3. Images

A.3.1. Relevez les images ayant un rapport avec l'eau. Ensuite, identifiez les connotations des termes qui les composent et essayez de les interpréter (suivez l'exemple fourni ci-dessous) :

Images	Connotations/interprétation
Image 1 : *j'arracherai l'ancre*	
■ terme 1 : *arracherai*	
■ terme 2 : *ancre*	
Sens/effet possible :	
Image 2 : _____	
■ terme 1 : _____	
■ terme 2 : _____	
Etc.	

A.3.2. Analysez les rapports qui existent entre les images identifiées dans le tableau précédent (ressemblance/opposition/progression, etc.) :

_____

_____

_____

_____

_____

_____

_____

B. Syntaxe et sens

Marquez en couleur dans le texte toutes les phrases contenant une proposition principale ou indépendante sans sujet ni verbe principal. En face, indiquez quel est l'effet de l'ellipse (s'il vous est difficile de remplir la colonne de droite maintenant, passez aux sections suivantes de cette unité et revenez à cette section plus tard) :

Phrases avec ellipse du sujet et du verbe en proposition principale ou in-dépendante	Effet/ fonction
Un jour.	_____
Un jour, bientôt peut-être.	
Un jour j'arracherai l'ancre qui tient mon navire loin des mers.	_____
Avec la sorte de courage qu'il faut pour être rien et rien que rien, je lâcherai ce qui paraissait m'être indissolublement proche.	_____
Je le trancherai, je le renverserai, je le romprai, je le ferai dégringoler.	_____
D'un coup dégorgeant ma misérable pudeur, mes misérables combinaisons et enchaînements « de fil en aiguille ».	_____
Vidé de l'abcès d'être quelqu'un, je boirai à nouveau l'espace nourricier.	_____
À coups de ridicules, de déchéances (qu'est-ce que la déchéance ?), par éclatement, par vide, par une totale dissipation-dérision-purgation,	_____

Phrases avec ellipse du sujet et du verbe en proposition principale ou indépendante	Effet/ fonction
j'expulserai de moi la forme qu'on croyait si bien attachée, composée, coordonnée, assortie à mon entourage et à mes semblables, si dignes, si dignes, mes semblables.	
Réduit à une humilité de catastrophe, à un nivellement parfait comme après une intense trouille.	
Ramené au-dessous de toute mesure à mon rang réel, au rang infime que je ne sais quelle idée-ambition m'avait fait déserter.	
Anéanti quant à la hauteur, quant à l'estime.	
Perdu en un endroit lointain (ou même pas), sans nom, sans identité.	
CLOWN, abattant dans la risée, dans le grotesque, dans l'esclaffement, le sens que contre toute lumière je m'étais fait de mon importance.	
Je plongerai.	
Sans bourse dans l'infini-esprit sous-jacent ouvert à tous,	
ouvert moi-même à une nouvelle et incroyable rosée	
à force d'être nul	
et ras...	
et risible...	

C. Répétitions

C.1. Mots/suites de mots. Marquez en couleur dans le texte toutes les répétitions de mots ou de suites de mots et notez dans la colonne de droite vos remarques concernant leur nature (schéma, etc.) et leur effet/fonction.

Répétitions de mots/expressions	Nature et effet/fonction
Un jour.	
Un jour, bientôt peut-être.	
Un jour j'arracherai l'ancre qui tient mon navire loin des mers.	
Avec la sorte de courage qu'il faut pour être rien et rien que rien, je lâcherai ce qui parais-	

Répétitions de mots/expressions	Nature et effet/fonction
sait m'être indissolublement proche.	
Je le trancherai, je le renverserai, je le romprai, je le ferai dégringoler.	
D'un coup dégorgeant ma misérable pudeur, mes misérables combinaisons et enchaînements « de fil en aiguille ».	
Vidé de l'abcès d'être quelqu'un, je boirai à nouveau l'espace nourricier.	
À coups de ridicules, de déchéances (qu'est-ce que la déchéance ?), par éclatement, par vide, par une totale dissipation-dérision-purgation, j'expulserai de moi la forme qu'on croyait si bien attachée, composée, coordonnée, assortie à mon entourage et à mes semblables, si dignes, si dignes, mes semblables.	
Réduit à une humilité de catastrophe, à un nivellement parfait comme après une intense trouille.	
Ramené au-dessous de toute mesure à mon rang réel, au rang infime que je ne sais quelle idée-ambition m'avait fait déserter.	
Anéanti quant à la hauteur, quant à l'estime.	
Perdu en un endroit lointain (ou même pas), sans nom, sans identité.	
CLOWN, abattant dans la risée, dans le grotesque, dans l'esclaffement, le sens que contre toute lumière je m'étais fait de mon importance.	
Je plongerai.	
Sans bourse dans l'infini-esprit sous-jacent ouvert à tous,	
ouvert moi-même à une nouvelle et incroyable rosée	
à force d'être nul	

Répétitions de mots/expressions	Nature et effet/fonction
et ras...	_____
et risible...	_____

C.2. Répétitions syntaxiques. Marquez en couleur dans le texte toutes les répétitions syntaxiques et indiquez sous forme de notes vos observations concernant leur nature (schémas, nombre d'occurrences, etc.) et leur fonction (employez une couleur différente pour chaque structure) :

Répétitions syntaxiques	Nature et /fonction (effet)
Un jour.	_____
Un jour, bientôt peut-être.	_____
Un jour j'arracherai l'ancre qui tient mon navire loin des mers.	_____
Avec la sorte de courage qu'il faut pour être rien et rien que rien, je lâcherai ce qui paraissait m'être indissolublement proche.	_____
Je le trancherai, je le renverserai, je le romprai, je le ferai dégringoler.	_____
D'un coup dégorgeant ma misérable pudeur, mes misérables combinaisons et enchaînements « de fil en aiguille ».	_____
Vidé de l'abcès d'être quelqu'un, je boirai à nouveau l'espace nourricier.	_____
À coups de ridicules, de déchéances (qu'est-ce que la déchéance ?), par éclatement, par vide, par une totale dissipation-dérision-purgation, j'expulserai de moi la forme qu'on croyait si bien attachée, composée, coordonnée, assortie à mon entourage et à mes semblables, si dignes, si dignes, mes semblables.	_____
Réduit à une humilité de catastrophe, à un nivellement parfait comme après une intense trouille.	_____

Répétitions syntaxiques	Nature et /fonction (effet)
Ramené au-dessous de toute mesure à mon rang réel, au rang infime que je ne sais quelle idée-ambition m'avait fait déserter. Anéanti quant à la hauteur, quant à l'estime. Perdu en un endroit lointain (ou même pas), sans nom, sans identité. CLOWN, abattant dans la risée, dans le gro-tesque, dans l'esclaffement, le sens que contre toute lumière je m'étais fait de mon importance. Je plongerai. Sans bourse dans l'infini-esprit sous-jacent ou-vert à tous, ouvert moi-même à une nouvelle et incroyable rosée à force d'être nul et ras... et risible...	

C.3. Conclusions générales sur l'emploi des répétitions dans *Clown* :

_____

_____

_____

_____

_____

_____

_____

D. Sonorités

Marquez en couleur dans le texte les principaux réseaux d'allitérations et
d'assonances (une couleur différente pour chaque son). Notez aussi en face
vos observations sur la nature des sons et leur effet/rapport avec le sens.

Sonorités	Nature des sons	Effet
Un jour.		
Un jour, bientôt peut-être.		
Un jour j'arracherai l'ancre qui		
tient mon navire loin des mers.		
Avec la sorte de courage qu'il		
faut pour être rien et rien que		
rien, je lâcherai ce qui paraissait		
m'être indissolublement proche.		
Je le trancherai, je le renverse-		
rai, je le romprai, je le ferai dé-		
gringoler.		
D'un coup dégorgeant ma mi-		
sérable pudeur, mes misérables		
combinaisons et enchaînements		
« de fil en aiguille ».		
Vidé de l'abcès d'être quel-		
qu'un, je boirai à nouveau l'es-		
pace nourricier.		
À coups de ridicules, de dé-		
chéances (qu'est-ce que la dé-		
chéance ?), par éclatement, par		
vide, par une totale dissipation-		
dérision-purgation, j'expulserai		
de moi la forme qu'on croyait si		
bien attachée, composée, coor-		
donnée, assortie à mon entourage		
et à mes semblables, si dignes, si		
dignes, mes semblables.		
Réduit à une humilité de catas-		

Sonorités	Nature des sons	Effet
trophe, à un nivellement parfait comme après une intense trouille.		
Ramené au-dessous de toute mesure à mon rang réel, au rang infime que je ne sais quelle idée-ambition m'avait fait déserter.		
Anéanti quant à la hauteur, quant à l'estime.		
Perdu en un endroit lointain (ou même pas), sans nom, sans identité.		
CLOWN, abattant dans la ri-sée, dans le grotesque, dans l'es-claffement, le sens que contre toute lumière je m'étais fait de mon importance.		
Je plongerai.		
Sans bourse dans l'infini-esprit sous-jacent ouvert à tous, ouvert moi-même à une nouvelle et incroyable rosée à force d'être nul et ras... et risible...		

E. Structure

E.1. En vous basant sur votre lecture du texte et sur certaines des observations que vous avez faites lors de votre étude des sections précédentes, divisez le poème en parties et donnez un titre à chacune :

Première partie :

■　ligne ___1___ à ligne _____ ; titre _____

(voir p. 247 pour la numérotation)　　　　　　　　　　*(Continuez à la page suivante)*

(Structure : suite)

Deuxième partie :

■   ligne _____ à ligne _____ ; titre _____

Etc. _____

_____

_____

_____

_____

_____

E.2. Remarques générales sur le rapport entre la structure et le fond du poème
(effet/sens) :

_____

_____

_____

_____

_____

_____

_____

_____

_____

_____

_____

_____

III. INTERPRÉTATION/SYNTHÈSE

En vous basant sur les observations que vous avez faites dans les sections précédentes, indiquez sous forme de notes quels sont les rapports entre le fond du poème (à définir) et les éléments de sa forme que vous avez découverts (quelle est leur fonction ?) :

FOND
À votre avis, en quoi consiste-t-il ? (Thème/idée centrale, sens, intérêt, effet sur le lecteur, etc.)

FORME	
Techniques employées par le poète (images, grammaire, rythme, répétitions, sonorités, structure, etc.) :	Fonction de chaque technique par rapport au fond du poème :

Jacques Prévert

(1900–1977)

L'Orgue de Barbarie

Moi je joue du piano
disait l'un
moi je joue du violon
disait l'autre
5   moi de la harpe moi du banjo
moi du violoncelle
moi du biniou... moi de la flûte
et moi de la crécelle.
Et les uns et les autres parlaient parlaient
10   parlaient de ce qu'ils jouaient.
On n'entendait pas la musique
tout le monde parlait
parlait parlait
personne ne jouait
15   mais dans un coin un homme se taisait :
« Et de quel instrument jouez-vous Monsieur
qui vous taisez et qui ne dites rien ? »
lui demandèrent les musiciens.
« Moi je joue de l'orgue de Barbarie
20   et je joue du couteau aussi »
dit l'homme qui jusqu'ici
n'avait absolument rien dit
et puis il s'avança le couteau à la main
et il tua tous les musiciens
25   et il joua de l'orgue de Barbarie
et sa musique était si vraie
et si vivante et si jolie
que la petite fille du maître de la maison
sortit de dessous le piano
30   où elle était couchée endormie par ennui
et elle dit :
« Moi je jouais au cerceau
à la balle au chasseur
je jouais à la marelle

35   je jouais avec un seau
            je jouais avec une pelle
          je jouais au papa et à la maman
            je jouais à chat perché
           je jouais avec mes poupées
40   je jouais avec une ombrelle
           je jouais avec mon petit frère
            avec ma petite sœur
           je jouais au gendarme
            et au voleur
45   mais c'est fini fini fini
           je veux jouer à l'assassin
        je veux jouer de l'orgue de Barbarie. »
        Et l'homme prit la petite fille par la main
          et ils s'en allèrent dans les villes
50   dans les maisons dans les jardins
        et puis ils tuèrent le plus de monde possible
           après quoi ils se marièrent
          et ils eurent beaucoup d'enfants.
                 Mais
55   l'aîné apprit le piano
           le second le violon
           le troisième la harpe
           le quatrième la crécelle
           le cinquième le violoncelle
60   et puis ils se mirent à parler parler
            parler parler parler
          on n'entendit plus la musique
          et tout fut à recommencer !

                              Paroles, 1949
                              ©Éditions Gallimard

Premières impressions. Après une lecture rapide ou deux, indiquez quelles sont vos premières impressions sur le sens/l'effet/l'intérêt général du poème.

_____

_____

_____

_____

I. ÉTUDE DE LA LANGUE, COMPRÉHENSION

Trouvez dans un dictionnaire français/français la définition de *orgue de Barbarie* :

_____

_____

II. ÉTUDE DÉTAILLÉE DU POÈME

A. Contenu sémantique et thématique

Relevez dans le poème les mots/expressions/propositions grammaticales qui correspondent aux catégories suivantes :

La musique	Les jeux

B. Grammaire et sens. Marquez en couleur dans le poème de Prévert toutes les constructions grammaticales elliptiques du sujet et/ou du verbe. Dans la colonne de droite, notez vos observations sur la distribution et l'effet de l'ellipse sur le(s) passage(s) concerné(s) et l'ensemble du poème.

Propositions elliptiques	Distribution/effet
Moi je joue du piano	
disait l'un	
moi je joue du violon	
disait l'autre	
5 moi de la harpe moi du banjo	
moi du violoncelle	
moi du biniou... moi de la flûte	
et moi de la crécelle.	
Et les uns et les autres parlaient parlaient	
10 parlaient de ce qu'ils jouaient.	
On n'entendait pas la musique	
tout le monde parlait	
parlait parlait	
personne ne jouait	
15 mais dans un coin un homme se taisait :	
« Et de quel instrument jouez-vous Monsieur	
qui vous taisez et qui ne dites rien ? »	
lui demandèrent les musiciens.	
« Moi je joue de l'orgue de Barbarie	
20 et je joue du couteau aussi »	
dit l'homme qui jusqu'ici	
n'avait absolument rien dit	
et puis il s'avança le couteau à la main	
et il tua tous les musiciens	
25 et il joua de l'orgue de Barbarie	
et sa musique était si vraie	
et si vivante et si jolie	
que la petite fille du maître de la maison	
sortit de dessous le piano	
30 où elle était couchée endormie par ennui	
et elle dit :	
« Moi je jouais au cerceau	
à la balle au chasseur	
je jouais à la marelle	
35 je jouais avec un seau	
je jouais avec une pelle	
je jouais au papa et à la maman	
je jouais à chat perché	
je jouais avec mes poupées	
40 je jouais avec une ombrelle	
je jouais avec mon petit frère	
avec ma petite sœur	
je jouais au gendarme	
et au voleur	
45 mais c'est fini fini fini	

Propositions elliptiques	Distribution/effet
je veux jouer à l'assassin je veux jouer de l'orgue de Barbarie. » Et l'homme prit la petite fille par la main et ils s'en allèrent dans les villes 50 dans les maisons dans les jardins et puis ils tuèrent le plus de monde possible après quoi ils se marièrent et ils eurent beaucoup d'enfants. Mais 55 l'aîné apprit le piano le second le violon le troisième la harpe le quatrième la crécelle le cinquième le violoncelle 60 et puis ils se mirent à parler parler parler parler parler on n'entendit plus la musique et tout fut à recommencer !	_____ _____ _____ _____ _____ _____ _____ _____ _____ _____ _____ _____ _____ _____ _____ _____ _____

C. Versification et sens

C.1. Déterminez les caractéristiques suivantes et indiquez-en l'effet :

Caractéristiques	Effet/rapport avec le sens du poème
Type de vers _____ _____	_____ _____
Mode de groupement des vers (structure strophique, etc.) _____	_____ _____ _____

C.2. Fins de vers et échos

C.2.1. Notez le schéma de la suite des rimes (A, B, C, etc.), leur richesse (P, S, R) et leur genre (m./f.). Marquez aussi en couleur dans le texte les autres homophonies (répétition d'un même son) qui marquent les fins de vers.

Homophonies de fin de vers autres que les rimes (marquez chaque son d'une manière différente)	Rimes		
	Suite	Richesse	Genre
Moi je joue du piano	_____	_____	_____

Homophonies de fin de vers autres que les rimes (marquez chaque son d'une manière différente)	Rimes		
	Suite	Richesse	Genre
disait l'un	___	___	___
moi je joue du violon	___	___	___
disait l'autre	___	___	___
5 moi de la harpe moi du banjo	___	___	___
moi du violoncelle	___	___	___
moi du biniou... moi de la flûte	___	___	___
et moi de la crécelle.	___	___	___
Et les uns et les autres parlaient parlaient	___	___	___
10 parlaient de ce qu'ils jouaient.	___	___	___
On n'entendait pas la musique	___	___	___
tout le monde parlait	___	___	___
parlait parlait	___	___	___
personne ne jouait	___	___	___
15 mais dans un coin un homme se taisait :	___	___	___
« Et de quel instrument jouez-vous Monsieur	___	___	___
qui vous taisez et qui ne dites rien ? »	___	___	___
lui demandèrent les musiciens.	___	___	___
« Moi je joue de l'orgue de Barbarie	___	___	___
20 et je joue du couteau aussi »	___	___	___
dit l'homme qui jusqu'ici	___	___	___
n'avait absolument rien dit	___	___	___
et puis il s'avança le couteau à la main	___	___	___
et il tua tous les musiciens	___	___	___
25 et il joua de l'orgue de Barbarie	___	___	___
et sa musique était si vraie	___	___	___
et si vivante et si jolie	___	___	___
que la petite fille du maître de la maison	___	___	___
sortit de dessous le piano	___	___	___
30 où elle était couchée endormie par ennui	___	___	___
et elle dit :	___	___	___
« Moi je jouais au cerceau	___	___	___
à la balle au chasseur	___	___	___
je jouais à la marelle	___	___	___
35 je jouais avec un seau	___	___	___
je jouais avec une pelle	___	___	___
je jouais au papa et à la maman	___	___	___
je jouais à chat perché	___	___	___
je jouais avec mes poupées	___	___	___
40 je jouais avec une ombrelle	___	___	___
je jouais avec mon petit frère	___	___	___
avec ma petite sœur	___	___	___

Homophonies de fin de vers autres que les rimes (marquez chaque son d'une manière différente)	Rimes		
	Suite	Richesse	Genre
je jouais au gendarme	___	___	___
et au voleur	___	___	___
45 mais c'est fini fini fini	___	___	___
je veux jouer à l'assassin	___	___	___
je veux jouer de l'orgue de Barbarie. »	___	___	___
Et l'homme prit la petite fille par la main	___	___	___
et ils s'en allèrent dans les villes	___	___	___
50 dans les maisons dans les jardins	___	___	___
et puis ils tuèrent le plus de monde possible	___	___	___
après quoi ils se marièrent	___	___	___
et ils eurent beaucoup d'enfants.	___	___	___
Mais	___	___	___
55 l'aîné apprit le piano	___	___	___
le second le violon	___	___	___
le troisième la harpe	___	___	___
le quatrième la crécelle	___	___	___
le cinquième le violoncelle	___	___	___
60 et puis ils se mirent à parler parler	___	___	___
parler parler parler	___	___	___
on n'entendit plus la musique	___	___	___
et tout fut à recommencer !	___	___	___

C.2.2. Ci-dessous, indiquez vos observations sur l'emploi des homophonies de fin de vers dans le poème de Prévert et essayez d'en expliquer l'effet sous forme de notes :

Observations (remarques descriptives)	Effet/rapport avec le sens
___	___
___	___
___	___
___	___
___	___
___	___
___	___

C.3. Rythme et vers

C.3.1. Indiquez les coupes dans le texte (// = césure ; / = autres coupes) et complétez le tableau suivant :

Coupes	Nombre de syllabes	Rythme (ex. : 4/2 //2/4)	Nature du rythme (régulier, équilibré, accélération, rupture, etc.)
Moi je joue du piano	___	___	___
disait l'un	___	___	___
moi je joue du violon	___	___	___
disait l'autre	___	___	___
5 moi de la harpe moi du banjo	___	___	___
moi du violoncelle	___	___	___
moi du biniou... moi de la flûte	___	___	___
et moi de la crécelle.	___	___	___
Et les uns et les autres parlaient parlaient	___	___	___
10 parlaient de ce qu'il jouaient.	___	___	___
On n'entendait pas la musique	___	___	___
tout le monde parlait	___	___	___
parlait parlait	___	___	___
personne ne jouait	___	___	___
15 mais dans un coin un homme se taisait :	___	___	___
« Et de quel instrument jouez-vous Monsieur	___	___	___
qui vous taisez et qui ne dites rien ? »	___	___	___
lui demandèrent les musiciens.	___	___	___
« Moi je joue de l'orgue de Barbarie	___	___	___
20 et je joue du couteau aussi »	___	___	___
dit l'homme qui jusqu'ici	___	___	___
n'avait absolument rien dit	___	___	___
et puis il s'avança le couteau à la main	___	___	___
et il tua tous les musiciens	___	___	___
25 et il joua de l'orgue de Barbarie	___	___	___
et sa musique était si vraie	___	___	___
et si vivante et si jolie	___	___	___
que la petite fille du maître de la maison	___	___	___
sortit de dessous le piano	___	___	___

Coupes	Nombre de syllabes	Rythme (ex. : 4/2 //2/4)	Nature du rythme (régulier, équilibré, accélération, rupture, etc.)
30 où elle était couchée endormie par ennui	___	___	___
et elle dit :	___	___	___
« Moi je jouais au cerceau	___	___	___
à la balle au chasseur	___	___	___
je jouais à la marelle	___	___	___
35 je jouais avec un seau	___	___	___
je jouais avec une pelle	___	___	___
je jouais au papa et à la maman	___	___	___
je jouais à chat perché	___	___	___
je jouais avec mes poupées	___	___	___
40 je jouais avec une ombrelle	___	___	___
je jouais avec mon petit frère	___	___	___
avec ma petite sœur	___	___	___
je jouais au gendarme	___	___	___
et au voleur	___	___	___
45 mais c'est fini fini fini	___	___	___
je veux jouer à l'assassin	___	___	___
je veux jouer de l'orgue de Barbarie. »	___	___	___
Et l'homme prit la petite fille par la main	___	___	___
et ils s'en allèrent dans les villes	___	___	___
50 dans les maisons dans les jardins	___	___	___
et puis ils tuèrent le plus de monde possible	___	___	___
après quoi ils se marièrent	___	___	___
et ils eurent beaucoup d'enfants.	___	___	___
Mais	___	___	___
55 l'aîné apprit le piano	___	___	___
le second le violon	___	___	___
le troisième la harpe	___	___	___
le quatrième la crécelle	___	___	___
le cinquième le violoncelle	___	___	___
60 et puis ils se mirent à parler parler	___	___	___
parler parler parler	___	___	___
on n'entendit plus la musique	___	___	___

Coupes	Nombre de syllabes	Rythme (ex. : 4/2 //2/4)	Nature du rythme (régulier, équilibré, accélération, rupture, etc.)
et tout fut à recommencer !	_____	_____	_____

C.3.2. Remarques générales sur la fonction/l'effet du rythme des vers :

_____

_____

_____

_____

_____

_____

_____

_____

D. Répétitions

D.1. Marquez les répétitions de mots et de suites de mots en couleur dans le texte. Ensuite, sous forme de notes, faites-en une brève description (distribution, termes identiques, similaires, polysémiques, etc.) et indiquez-en l'effet :

Répétitions	Description et effet/rapport avec le sens
Moi je joue du piano	_____
disait l'un	_____
moi je joue du violon	_____
disait l'autre	_____
5 moi de la harpe moi du banjo	_____
moi du violoncelle	_____
moi du biniou... moi de la flûte	
et moi de la crécelle.	_____
Et les uns et les autres parlaient parlaient	_____

Répétitions	Description et effet/rapport avec le sens
10 parlaient de ce qu'ils jouaient.	
On n'entendait pas la musique	
tout le monde parlait	
parlait parlait	
personne ne jouait	
15 mais dans un coin un homme se taisait :	
« Et de quel instrument jouez-vous Monsieur	
qui vous taisez et qui ne dites rien ? »	
lui demandèrent les musiciens.	
« Moi je joue de l'orgue de Barbarie	
20 et je joue du couteau aussi »	
dit l'homme qui jusqu'ici	
n'avait absolument rien dit	
et puis il s'avança le couteau à la main	
et il tua tous les musiciens	
25 et il joua de l'orgue de Barbarie	
et sa musique était si vraie	
et si vivante et si jolie	
que la petite fille du maître de la maison	
sortit de dessous le piano	
30 où elle était couchée endormie par ennui	
et elle dit :	
« Moi je jouais au cerceau	
à la balle au chasseur	
je jouais à la marelle	
35 je jouais avec un seau	
je jouais avec une pelle	
je jouais au papa et à la maman	
je jouais à chat perché	
je jouais avec mes poupées	
40 je jouais avec une ombrelle	
je jouais avec mon petit frère	
avec ma petite sœur	

Répétitions	Description et effet/rapport avec le sens
je jouais au gendarme	_____
et au voleur	_____
45 mais c'est fini fini fini	_____
je veux jouer à l'assassin	_____
je veux jouer de l'orgue de Barbarie. »	_____
Et l'homme prit la petite fille par la main	_____
et ils s'en allèrent dans les villes	_____
50 dans les maisons dans les jardins	_____
et puis ils tuèrent le plus de monde possible	_____
après quoi ils se marièrent	_____
et ils eurent beaucoup d'enfants.	_____
Mais	_____
55 l'aîné apprit le piano	_____
le second le violon	_____
le troisième la harpe	_____
le quatrième la crécelle	_____
le cinquième le violoncelle	_____
60 et puis ils se mirent à parler parler	_____
parler parler parler	_____
on n'entendit plus la musique	_____
et tout fut à recommencer !	_____

D.2. Remarques générales sur l'emploi des répétitions dans l'ensemble du texte :

_____

_____

_____

_____

_____

_____

E. Ponctuation et sens

E.1. Ajoutez la ponctuation là où c'est encore possible. Dans la colonne de droite, indiquez sous forme de notes vos observations sur l'effet de l'emploi et du non-emploi de ponctuation :

Ponctuation possible	Remarques sur l'effet de l'emploi et de l'absence de ponctuation
Moi je joue du piano	
disait l'un	
moi je joue du violon	
disait l'autre	
5 moi de la harpe moi du banjo	
moi du violoncelle	
moi du biniou... moi de la flûte	
et moi de la crécelle.	
Et les uns et les autres parlaient parlaient	
10 parlaient de ce qu'ils jouaient.	
On n'entendait pas la musique	
tout le monde parlait	
parlait parlait	
personne ne jouait	
15 mais dans un coin un homme se taisait :	
« Et de quel instrument jouez-vous Monsieur	
qui vous taisez et qui ne dites rien ?	
lui demandèrent les musiciens.	
« Moi je joue de l'orgue de Barbarie	
20 et je joue du couteau aussi »	
dit l'homme qui jusqu'ici	
n'avait absolument rien dit	
et puis il s'avança le couteau à la main	
et il tua tous les musiciens	
25 et il joua de l'orgue de Barbarie	
et sa musique était si vraie	
et si vivante et si jolie	
que la petite fille du maître de la maison	
sortit de dessous le piano	

Ponctuation possible	Remarques sur l'effet de l'emploi et de l'absence de ponctuation
30 où elle était couchée endormie par ennui	_____
et elle dit :	_____
« Moi je jouais au cerceau	_____
à la balle au chasseur	_____
je jouais à la marelle	_____
35 je jouais avec un seau	_____
je jouais avec une pelle	_____
je jouais au papa et à la maman	_____
je jouais à chat perché	_____
je jouais avec mes poupées	_____
40 je jouais avec une ombrelle	_____
je jouais avec mon petit frère	_____
avec ma petite sœur	_____
je jouais au gendarme	_____
et au voleur	_____
45 mais c'est fini fini fini	_____
je veux jouer à l'assassin	_____
je veux jouer de l'orgue de Barbarie. »	_____
Et l'homme prit la petite fille par la main	_____
et ils s'en allèrent dans les villes	_____
50 dans les maisons dans les jardins	_____
et puis ils tuèrent le plus de monde possible	_____
après quoi ils se marièrent	_____
et ils eurent beaucoup d'enfants.	_____
Mais	_____
55 l'aîné apprit le piano	_____
le second le violon	_____
le troisième la harpe	_____
le quatrième la crécelle	_____
le cinquième le violoncelle	_____
60 et puis ils se mirent à parler parler	_____
parler parler parler	_____
on n'entendit plus la musique	_____
et tout fut à recommencer !	_____

E.2. Remarques générales sur la ponctuation dans l'ensemble du texte :

_____

_____

_____

_____

F. Structure

F.1. En vous basant sur votre lecture du texte et sur certaines des observations que vous avez faites lors de votre étude des sections précédentes, divisez le poème en parties et donnez un titre à chacune.

Première partie :

■ du vers ___1___ au vers _____ ; titre _____

Deuxième partie :

■ du vers _____ au vers _____ ; titre _____

Etc. _____

_____

_____

_____

F.2. Remarques générales sur les rapports entre la structure et le fond du poème (effet/sens) :

_____

_____

_____

_____

III. INTERPRÉTATION/SYNTHÈSE

En vous basant sur les observations que vous avez faites dans les sections précédentes, indiquez sous forme de notes quels sont les rapports entre le fond du poème (à définir) et les éléments de sa forme que vous avez découverts (quelle est leur fonction ?) :

FOND
À votre avis, en quoi consiste-t-il ? (Thème/idée centrale, sens, intérêt, effet sur le lecteur, etc.)
_____
_____
_____

FORME	
Techniques employées par le poète (images, rimes, rythme des vers, rapport syntaxe/mètre, grammaire, structure, etc.) :	Fonction de chaque technique par rapport au fond du poème :
_____	_____
_____	_____
_____	_____
_____	_____
_____	_____
_____	_____
_____	_____
_____	_____
_____	_____
_____	_____
_____	_____

Jacques Brel

(1929–1978)

Le Plat pays

Avec la mer du Nord pour dernier terrain vague
Et des vagues de dunes pour arrêter les vagues
Et de vagues rochers que les marées dépassent
Et qui ont à jamais le cœur à marée basse
5   Avec infiniment de brumes à venir
Avec le vent de l'est écoutez-le tenir
Le plat pays qui est le mien

Avec des cathédrales pour uniques montagnes
Et de noirs clochers comme mâts de cocagne
10   Où des diables en pierre décrochent les nuages
Avec le fil des jours pour unique voyage
Et des chemins de pluie pour unique bonsoir
Avec le vent d'ouest écoutez-le vouloir
Le plat pays qui est le mien

15   Avec un ciel si bas qu'un canal s'est perdu
Avec un ciel si bas qu'il fait l'humilité
Avec un ciel si gris qu'un canal s'est pendu
Avec un ciel si gris qu'il faut lui pardonner
Avec le vent du nord qui vient s'écarteler
20   Avec le vent du nord écoutez-le craquer
Le plat pays qui est le mien

Avec de l'Italie qui descendrait l'Escaut
Avec Frida la Blonde quand elle devient Margot
Quand les fils de novembre nous reviennent en mai
25   Quand la plaine est fumante et tremble sous juillet
Quand le vent est au rire quand le vent est au blé
Quand le vent est au sud écoutez-le chanter
Le plat pays qui est le mien

Premières impressions. Après avoir lu le texte (ou mieux, écouté l'enregistrement) de la chanson une ou deux fois, indiquez quelles sont vos premières impressions sur son sens/effet/intérêt général.

_____

_____

_____

_____

I. ÉTUDE DE LA LANGUE, COMPRÉHENSION

A. Lexique. Cherchez les mots et expressions en italique dans un dictionnaire français/français et écrivez sous forme de notes vos observations concernant leur sens (définition, sens littéral, métaphorique, connotations, etc.) :

Avec la mer du Nord pour dernier *terrain vague*
Et des *vagues* de dunes pour arrêter les *vagues*
Et de *vagues* rochers que les marées dépassent
Et qui ont à jamais le cœur à marée basse
5 Avec infiniment de brumes à venir
Avec le vent de l'est écoutez-le tenir
Le plat pays qui est le mien

terrain vague : _____

_____

_____

(des) *vagues* (de dunes) : _____

_____

(les) *vagues* : _____

vagues (rochers) : _____

B. Références. Indiquez à quoi renvoient les éléments en italique :

Avec la mer du Nord pour dernier terrain vague
Et des vagues de dunes pour arrêter les vagues
Et de vagues rochers *que* les marées dépassent
Et *qui* ont à jamais le cœur à marée basse
5 Avec infiniment de brumes à venir
Avec le vent de l'est écoutez-*le* tenir
Le plat pays qui est le mien

que = _____

qui = _____

le = _____

C. Verbes et temps. Indiquez le temps des verbes en italique et expliquez-en l'emploi :

> Avec de l'Italie qui ***descendrait*** l'Escaut
> Avec Frida la Blonde quand elle ***devient*** Margot
> Quand les fils de novembre nous ***reviennent*** en mai
> 25 Quand la plaine est fumante et tremble sous juillet
> Quand le vent est au rire quand le vent est au blé
> Quand le vent est au sud ***écoutez***-le chanter
> Le plat pays qui est le mien.

descendrait

■ temps : _____

■ emploi : _____

_____

_____

devient

■ temps : _____

■ emploi : _____

reviennent

■ temps : _____

■ emploi : _____

écoutez

■ temps : _____

■ emploi : _____

II. ÉTUDE DÉTAILLÉE DU TEXTE DE LA CHANSON

A. Contenu sémantique et thématique

A.1.1. Relevez dans le texte les mots et expressions renvoyant aux thèmes suivants :

Vers n°	L'eau/la mer	La terre/l'espace terrestre	Le ciel/l'air	Le temps (éléments temporels)

A.1.2. Observations générales sur le contenu du tableau A.1.1 (aspects communs/différences entre les termes relevés, distribution des termes, etc.) :

_____

_____

_____

_____

A.2. Voici un certain nombre d'associations. En face des termes relevés, faites la liste des connotations que vous trouverez. Ensuite indiquez sous forme de notes comment vous interprétez l'association.

Associations	Connotations/interprétation
1. *le cœur à marée basse* ■ cœur ■ marée basse Sens/effet possible :	
2. *Avec des cathédrales pour uniques montagnes* ■ cathédrales ■ montagnes Sens/effet possible :	
3. *Et de noirs clochers comme mâts de cocagne* ■ noirs ■ clochers	

Associations	Connotations/interprétation
■ mâts de cocagne	
Sens/effet possible :	
4. *Avec le fil des jours pour unique voyage*	
■ fil des jours	
■ voyage	
Sens/effet possible :	
5. *Et des chemins de pluie pour unique bonsoir*	
■ chemin	
■ pluie	
■ bonsoir	
Sens/effet possible :	

A.3. Images. Relevez les

comparaisons	symboles

métaphores	personnifications

B. Versification et sens

B.1. Déterminez les caractéristiques suivantes et indiquez-en l'effet :

Caractéristiques	Effet/rapport avec le sens du texte
Nombre de syllabes dans chaque vers (voir la section B.3. sur le rythme des vers) _____	_____
Type de vers _____	_____
Mode de groupement des vers (structure strophique, etc.) _____	_____
_____	_____

B.2. Rimes

B.2.1. Indiquez le schéma de la suite des rimes (A, B, C, etc.), leur richesse (P, S, R) et leur genre (m./f.) :

	Suite	Richesse	Genre
Avec la mer du Nord pour dernier terrain vague	_____	_____	_____
Et des vagues de dunes pour arrêter les vagues	_____	_____	_____
Et de vagues rochers que les marées dépassent	_____	_____	_____
Et qui ont à jamais le cœur à marée basse	_____	_____	_____
5 Avec infiniment de brumes à venir	_____	_____	_____
Avec le vent de l'est écoutez-le tenir	_____	_____	_____
Le plat pays qui est le mien	_____	_____	_____
Avec des cathédrales pour uniques montagnes	_____	_____	_____
Et de noirs clochers comme mâts de cocagne	_____	_____	_____
10 Où des diables en pierre décrochent les nuages	_____	_____	_____
Avec le fil des jours pour unique voyage	_____	_____	_____
Et des chemins de pluie pour unique bonsoir	_____	_____	_____
Avec le vent d'ouest écoutez-le vouloir	_____	_____	_____
Le plat pays qui est le mien	_____	_____	_____
15 Avec un ciel si bas qu'un canal s'est perdu	_____	_____	_____
Avec un ciel si bas qu'il fait l'humilité	_____	_____	_____
Avec un ciel si gris qu'un canal s'est pendu	_____	_____	_____
Avec un ciel si gris qu'il faut lui pardonner	_____	_____	_____
Avec le vent du nord qui vient s'écarteler	_____	_____	_____
20 Avec le vent du nord écoutez-le craquer	_____	_____	_____
Le plat pays qui est le mien	_____	_____	_____
Avec de l'Italie qui descendrait l'Escaut	_____	_____	_____
Avec Frida la Blonde quand elle devient Margot	_____	_____	_____
Quand les fils de novembre nous reviennent en mai	_____	_____	_____
25 Quand la plaine est fumante et tremble sous juillet	_____	_____	_____
Quand le vent est au rire quand le vent est au blé	_____	_____	_____
Quand le vent est au sud écoutez-le chanter	_____	_____	_____
Le plat pays qui est le mien	_____	_____	_____

B.2.2. Indiquez dans le tableau qui se trouve à la page suivante vos observations sur la nature des rimes (suite, richesse et genre) et, s'il y a lieu, expliquez sous forme de notes l'effet des phénomènes identifiés :

Observations (remarques descriptives)	Effet/rapport avec le sens
_____	_____
_____	_____
_____	_____
_____	_____
_____	_____
_____	_____
_____	_____
_____	_____
_____	_____
_____	_____
_____	_____
_____	_____
_____	_____
_____	_____

B. 3. Rythme et vers

B.3.1. Indiquez les coupes dans le texte (// = césure ; / = autres coupes) et analysez le rythme des vers. Marquez aussi en couleur, s'il y a lieu, les enjambements (de vers à vers et internes). Remarque. — Il serait bon d'écouter la chanson pour faire cette section.

Coupes et enjambements	Nombre de syllabes	Rythme (ex. : 4/2 //2/4)	Nature (régulier, équilibré, accéléra- tion, rupture, etc.)
Avec la mer du Nord pour dernier terrain vague	____	____	____
Et des vagues de dunes pour arrêter les vagues	____	____	____
Et de vagues rochers que les marées dépassent	____	____	____
Et qui ont à jamais le cœur à marée basse	____	____	____
5 Avec infiniment de brumes à venir	____	____	____
Avec le vent de l'est écoutez-le tenir	____	____	____
Le plat pays qui est le mien	____	____	____

Coupes et enjambements	Nombre de syllabes	Rythme (ex. : 4/2 //2/4)	Nature (régulier, équilibré, accéléra-tion, rupture, etc.)
Avec des cathédrales pour uniques montagnes	___	___	___
Et de noirs clochers comme mâts de cocagne	___	___	___
10 Où des diables en pierre décrochent les nuages	___	___	___
Avec le fil des jours pour unique voyage	___	___	___
Et des chemins de pluie pour unique bonsoir	___	___	___
Avec le vent d'ouest écoutez-le vouloir	___	___	___
Le plat pays qui est le mien	___	___	___
15 Avec un ciel si bas qu'un canal s'est perdu	___	___	___
Avec un ciel si bas qu'il fait l'humilité	___	___	___
Avec un ciel si gris qu'un canal s'est pendu	___	___	___
Avec un ciel si gris qu'il faut lui pardonner	___	___	___
Avec le vent du nord qui vient s'écarteler	___	___	___
20 Avec le vent du nord écoutez-le craquer	___	___	___
Le plat pays qui est le mien	___	___	___
Avec de l'Italie qui descendrait l'Escaut	___	___	___
Avec Frida la Blonde quand elle devient Margot	___	___	___
Quand les fils de novembre nous reviennent en mai	___	___	___
25 Quand la plaine est fumante et tremble sous juillet	___	___	___
Quand le vent est au rire quand le vent est au blé	___	___	___
Quand le vent est au sud écoutez-le chanter	___	___	___
Le plat pays qui est le mien	___	___	___

B.3.2. Observations générales sur la nature et la fonction/l'effet du rythme des vers dans l'ensemble du texte de la chanson :

_____

_____

_____

_____ *(Continuez à la page suivante)*

(Rythme : suite)

_____

_____

_____

_____

C. Répétitions

C.1. Marquez les répétitions de mots/suites de mots en couleur dans le texte de la chanson (employez une couleur différente pour chaque ensemble de répétitions). Ensuite, faites-en une brève description (distribution, termes identiques, similaires, polysémiques, etc.) :

Répétitions	Description
Avec la mer du Nord pour dernier terrain vague	_____
Et des vagues de dunes pour arrêter les vagues	_____
Et de vagues rochers que les marées dépassent	_____
Et qui ont à jamais le cœur à marée basse	_____
5 Avec infiniment de brumes à venir	_____
Avec le vent de l'est écoutez-le tenir	_____
Le plat pays qui est le mien	_____
	_____
Avec des cathédrales pour uniques montagnes	_____
Et de noirs clochers comme mâts de cocagne	_____
10 Où des diables en pierre décrochent les nuages	_____
Avec le fil des jours pour unique voyage	_____
Et des chemins de pluie pour unique bonsoir	_____
Avec le vent d'ouest écoutez-le vouloir	_____
Le plat pays qui est le mien	_____
	_____
15 Avec un ciel si bas qu'un canal s'est perdu	_____
Avec un ciel si bas qu'il fait l'humilité	_____
Avec un ciel si gris qu'un canal s'est pendu	_____

Répétitions	Description
Avec un ciel si gris qu'il faut lui pardonner	
Avec le vent du nord qui vient s'écarteler	
20 Avec le vent du nord écoutez-le craquer	
Le plat pays qui est le mien	
Avec de l'Italie qui descendrait l'Escaut	
Avec Frida la Blonde quand elle devient Margot	
Quand les fils de novembre nous reviennent en mai	
25 Quand la plaine est fumante et tremble sous juillet	
Quand le vent est au rire quand le vent est au blé	
Quand le vent est au sud écoutez-le chanter	
Le plat pays qui est le mien	

C.2. Observations générales sur les répétitions dans l'ensemble du texte de la chanson. Indiquez leur rapport éventuel avec le sens :

_____

_____

_____

_____

_____

_____

D. Structure

D.1. En vous basant sur votre lecture et votre écoute de la chanson, ainsi que sur certaines des observations que vous avez faites lors de votre étude des sections précédentes, divisez le texte en parties et donnez un titre à chacune.

Première partie :

■ du vers ____1____ au vers _____ ; titre _____

(Continuez à la page suivante)

Deuxième partie :

■   du vers _____ au vers _____ ; titre _____

Etc. _____

_____

_____

_____

D.2. Rapport entre les divisions observées ci-dessus (mouvements) et la structure strophique de la chanson (concordance, discordance, etc.). Essayez d'en expliquer la fonction (effet/rapport avec le sens).

Rapport strophes/mouvements	Fonction/effet

III. INTERPRÉTATION/SYNTHÈSE

En vous basant sur les observations que vous avez faites dans les sections précédentes, indiquez sous forme de notes quels sont les rapports entre le fond de la chanson (à définir) et les éléments de sa forme que vous avez découverts (quelle est leur fonction ?) :

FOND
À votre avis, en quoi consiste-t-il ? (Thème/idée centrale, sens, intérêt, effet sur le lecteur, etc.) _____ _____ _____

FORME	
Techniques employées (images, rimes, rythme des vers, rapport syntaxe/mètre, grammaire, structure, etc.) :	Fonction de chaque technique par rapport au fond de la chanson :